CSRのマネジメント
イシューマイオピアに陥る企業

小山嚴也 著

Managing
Corporate Social Responsibility
The Company which Falls into Issue Myopia

東京 白桃書房 神田

まえがき

 2011年3月11日14時46分，岩手県沖から茨城県沖にまでを震源域とする巨大地震が東日本を襲った。この地震により大津波が発生し，東北地方から関東地方沿岸部に甚大な被害がもたらされた。また，東京電力福島第一原子力発電所では地震と津波の影響で全電源が喪失し，原子炉の冷却ができなくなった。そして，放射性物質を大量に放出する重大事故が引き起こされた。

 大地震の影響は首都圏にもおよんだ。地震発生直後は交通機関が全面的にストップし，都内には帰宅困難者が溢れた。ガソリンや食料も店頭から姿を消し，多くの人が不自由な生活を強いられることになった。その後も，東京電力や東北電力などの電力供給能力の低下に伴い，「節電」が求められ，市民生活の様々な面に影響が出ている。

 東日本大震災の経験により，われわれは，自然の猛威だけでなく，自分たちの生活がいかに大企業に依存しているのかをまざまざと見せつけられた。社会における企業の存在を改めて考えるきっかけを与えられたといってもよい。どのような企業のあり方が求められるのかが，今，まさに問われている。

 経営学において，社会の中の企業のあり方を研究する分野は「企業と社会」論とよばれている。いわゆる，コンプライアンス，企業倫理，CSR（corporate social responsibility：企業の社会的責任）といったテーマを扱うのが「企業と社会」論である。本書は，この「企業と社会」論の研究書として位置づけられるものである。

 筆者が大学院に進学した1990年代前半は，バブル景気の余韻もあり，「企業と社会」論を研究する大学院生は，少なくとも一橋大学にはいなかった。その後，1990年代後半から2000年頃にかけて，コンプライアンス，企業倫理，CSRがにわかに脚光を浴びることになる。そうした流れの中で，現在では，

この領域の研究者も増え，諸学会の大会では，必ずといってよいほど，この分野の報告が行われるようになっている。こうした動きは学界に限ったことではなく，産業界にも見られる。今や，わが国の大企業で，CSRやコンプライアンスの専門部署を有さない企業はない。その意味でも，まさに隔世の感を禁じ得ない。

　以上のように，近年，この分野の研究も企業実践も着実に進展してきている。しかしながら，企業不祥事が後を絶たないのも事実である。研究者も実務家も努力をしているにもかかわらず，なぜ，企業不祥事はなくならないのか。それが，本書における基本的な問題意識である。この問題意識に従い，本書の前半では「企業と社会」論の先行研究の検討を通じて理論上の課題が提示される。本書の後半では，雪印乳業株式会社（現 雪印メグミルク株式会社）がかかわった2つの不祥事，すなわち「雪印乳業集団食中毒事件」と「雪印食品牛肉偽装事件」の詳細な事例分析を通じて実践上の課題が提示される。そして，そうした課題克服の方向性が示される。つまり，理論研究と事例研究を通じて，新たな理論構築，企業実践の方向性を提示するというのが本書の構図である。

　ここで，本書の成り立ちについて，触れておきたい。本書は，明治大学大学院商学研究科博士学位請求論文「ソーシャルイシュー・マネジメントの理論的及び実践的課題」がベースとなっている。そして，それは1993年に一橋大学大学院商学研究科博士後期課程に進学して以降の研究成果をまとめなおしたものでもある。したがって，本書にはこれまで公表してきた論文に加筆修正を加えたものが含まれている。それぞれ対応する部分は以下の通りである。

　　第3章　「企業と社会」論におけるソーシャルイシュー：
　　　　『山梨学院大学 商学論集』第22号「企業の社会的責任概念の展開」
　　　　（1997年）
　　　　松野弘・堀越芳昭・合力知工編著『「企業の社会的責任論」の形成と

展開』「第 4 章　アメリカにおける企業の社会的責任論の生成と展開」（ミネルヴァ書房，2006年）

第 4 章　ソーシャルイシュー・マネジメント論の展開と構図：
村田和彦編『企業活動と市民生活』「第 4 章　ソーシャルイシューマネジメント論の展開と構図」（中央経済社，2010年）

第 6 章　「雪印」の 2 つの不祥事：
『経済系』第232集「雪印乳業大樹工場における汚染脱脂粉乳出荷プロセス」（2007年，谷口勇仁氏との共著）

『日本経営学会誌』第26号「企業におけるソーシャルイシューの認識―雪印はなぜ 2 回目の不祥事を防げなかったのか―」（2010年，谷口勇仁氏との共著）

第 7 章　事例分析：ソーシャルイシュー認識の陥穽：
『経済系』第232集「雪印乳業大樹工場における汚染脱脂粉乳出荷プロセス」（2007年，谷口勇仁氏との共著）

『日本経営学会誌』第26号「企業におけるソーシャルイシューの認識―雪印はなぜ 2 回目の不祥事を防げなかったのか―」（2010年，谷口勇仁氏との共著）

　本書を執筆するにあたっては，大変多くの方々にご支援とご指導を賜ってきた。

　お忙しい中，ヒアリング調査ならびに原稿の確認でご協力頂いた雪印メグミルク株式会社の皆様，特に，岡田佳男様，大久保龍朗様，信崎健一様，矢後博邦様，利根哲也様，内田幸生様，荻原秀輝様，足立晋様には，この場を借りて，御礼を申し上げる。皆様のお力添えなしには，本書を上梓することはできなかったであろう。もちろん，あり得べき誤りは全て筆者の責任に帰するものである。

　共同研究者である北海道大学教授の谷口勇仁先生とは，この 7 年余り，ヒアリング調査や学会報告，論文執筆を二人三脚で行ってきた。また，本書の

構想段階より，完成に至るまで，建設的で刺激的なアドバイスを多数頂戴した。とりわけ，本書後半の実証研究の部分については，谷口先生との共同研究の成果に基づいている。ここに改めて謝意を表したい。

大学院での指導教官である一橋大学名誉教授の田島壯幸先生には，大学院生時代から現在に至るまで，多大なるご指導を頂いている。先生には，丁寧に研究することの大切さを教えて頂いた。同じく，大学院での指導教官である横浜国立大学名誉教授の奥村悳一先生，一橋大学名誉教授・日本大学教授の村田和彦先生には，常に，温かいご指導を頂いている。学部での指導教官である横浜国立大学教授の三戸浩先生には，研究者への道へ誘って頂くとともに，学問のすばらしさを教えて頂いた。

明治大学名誉教授の中村瑞穂先生には，大学院生時代より，大変お世話になるとともに，企業倫理研究グループへのお誘いを頂いた。企業倫理研究グループへの参加が叶わなければ，こうした研究を進めることができなかった。そして，企業倫理研究グループの，慶應義塾大学准教授の梅津光弘先生，明治大学教授の出見世信之先生，中林真理子先生，森永由紀先生，埼玉大学准教授の水村典弘先生，日本大学准教授の鈴木由紀子先生をはじめとする先生方には，常に研究上の刺激を頂いている。また，明治大学教授の風間信隆先生，山下洋史先生には，出見世先生とともに博士学位請求論文の審査をして頂いた。

本務校である関東学院大学の先生方，とりわけ，経済学部教授の齊藤毅憲先生，高橋公夫先生，新岡智先生，四宮正親先生には，日頃より叱咤激励して頂いている。また，筆者は現在，学生生活部長の職にある。そのような中での博士学位請求論文ならびに本書の執筆となったため，職員の皆様には多大なるご負担をおかけすることになった。しかしながら，そうした状況にもかかわらず，本当に沢山の励ましの言葉を頂いた。心より感謝申し上げたい。

本書の出版にあたり，白桃書房編集部の平千枝子様には，読者の立場でよりわかりやすい内容になるよう数多くの助言を頂いている。白桃書房代表取締役の大矢栄一郎様からは，厳しい出版事情にもかかわらず，本書の出版を

快諾頂いた。ご厚情に御礼申し上げる。

　最後に，私事になるが，ほとんど休みなく仕事に明け暮れ，家庭人としての責任を十分に果たせず，様々な負担をかけている妻と3人の子供たちに，改めて謝意を表したいと思う。

　なお，本書は，平成15年度〜18年度日本学術振興会研究費補助金（基盤研究（A）（1）），平成19年度〜22年度日本学術振興会研究費補助金（基盤研究（B）），平成21年度〜平成24年度日本学術振興会研究費補助金（基盤研究（B））に基づく研究成果の一部である。また，本書の出版に際しては，関東学院大学経済学会出版助成を受けた。

秋の恵みに感謝しつつ
2011年10月

小山　嚴也

目　次

まえがき

第1章　序論 — 1
1. 問題意識 … 1
2. 本書の目的と方法 … 3
3. 研究対象および範囲の限定 … 4
4. 本書の構成 … 6

第2章　企業不祥事をめぐる状況 — 9
1. はじめに … 9
2. 企業不祥事の動向 … 9
3. CSR推進にかかわる諸制度 … 12
4. CSRマネジメント … 15
5. 小括 … 21

第3章　「企業と社会」論におけるソーシャルイシュー — 25
1. はじめに … 25
2. 企業の社会的責任の背景 … 25
3. 企業の社会的責任論 … 33
4. 企業の社会的応答性論 … 38
5. 企業倫理論 … 41
6. 小括 … 47

第4章　ソーシャルイシュー・マネジメント論の展開と構図 ─── 51
1. はじめに……………………………………………………51
2. ソーシャルイシューとは…………………………………52
3. イシュー・ライフサイクル論とイシュー・マネジメント
   サイクル論…………………………………………………54
4. 争点としてのイシューと課題事項としてのイシュー……60
5. 小括…………………………………………………………66
6. 補論…………………………………………………………67

第5章　ソーシャルイシュー・マネジメント論の課題 ─── 69
1. はじめに……………………………………………………69
2. 企業不祥事の理解…………………………………………69
3. ソーシャルイシュー・マネジメント論の課題……………71
4. 課題検討の方向性…………………………………………74

第6章　「雪印」の2つの不祥事 ─── 79
1. はじめに……………………………………………………79
2. 「雪印」の概要 ……………………………………………80
3. 雪印乳業集団食中毒事件…………………………………93
4. 雪印食品牛肉偽装事件…………………………………… 104
5. 小括………………………………………………………… 112

第7章　事例分析：ソーシャルイシュー認識の陥穽 ─── 117
1. はじめに…………………………………………………… 117
2. 雪印における両事件後の対応の分析…………………… 117
3. ソーシャルイシュー認識における陥穽………………… 122
4. イシューマイオピアの検討……………………………… 129
5. 小括………………………………………………………… 133

目　次

第8章　結論 ───────────────── 135
　1．本書の結論……………………………………… 135
　2．理論的含意と理論上の展開可能性……………… 137
　3．実践的含意……………………………………… 143
　4．残された課題…………………………………… 144

参考資料
参考文献
人名索引
事項索引

第1章

序　論

1．問題意識

　2000年の夏は暑かった。
　その夏，雪印乳業，そごう，三菱自動車工業など，日本を代表する企業が相次いで不祥事を起こした。人々はそうした不祥事に憤りつつも，名門企業が一夜にして信頼を失っていく様を呆然と眺めていた。不祥事が企業の屋台骨を揺るがす時代になったのである。その意味で，2000年は企業不祥事元年だといえよう。
　その後も企業不祥事が止むことはなかった。雪印食品，カネボウ，不二家，JR西日本……。いつしか，「企業不祥事の頻発」という枕詞を用いて，企業の社会的責任や企業倫理，コンプライアンスが語られるようになった。
　しかし，一般に，「企業不祥事」なる用語は学術用語ではないため，それがさし示す意味内容は多岐にわたるとともに曖昧である。企業が引き起こした事故もあれば事件もあるし，それが故意の場合もあれば過失の場合もある。いわゆる会社ぐるみのものもあれば，特定の部門で生じたものもある。先に述べた企業不祥事も，ひとくくりに扱われることが多いが，実際には全く同じものではなく，そのいずれかに分類されることになる。
　また，例えば「『不祥事』なる語の意味は，漠然とは『よくないこと』であっても，より特定的には『不幸なこと』，『不運なこと』，あるいは『災難』の意味であって，『悪事』あるいは『不正な行為』を意味しているものではない」（中村，2001，p.93）といった指摘もある。本来的には「関係者に

とって不都合な出来事」という意味内容をもつ「不祥事」という言葉を多くの人が用いることで，不祥事を引き起こした企業の責任が曖昧にされるのではないかという懸念の表明である。

ことほど左様に，「企業不祥事」は，とらえどころのない曖昧模糊とした存在である。

現代資本主義社会において，企業は大きな権力をもち，それゆえに，社会に対して大きな影響力をもっている。このため，企業が不祥事を起こすことは，株主，顧客，地域社会といった多様なステイクホルダーに大きな損害をもたらす。また，企業不祥事の頻発は，当該企業の信頼が失われるばかりでなく，企業を中心とした現代資本主義社会の根本的な危機につながる可能性をもつ。それゆえに，企業不祥事を防止することは，現代の資本主義社会において非常に重要な課題となる。

したがって，企業実践の場においては，企業不祥事を防止するための「CSRマネジメント」が展開されているし，経営学においても，これまで「企業と社会」論（business and society）という研究領域で社会の中の企業のあり方が研究されてきた。とりわけ，企業不祥事の防止については，「ソーシャルイシュー・マネジメント」（SIM：social issue management）という表題のもとに，研究の蓄積がみられる[1]。ここでいうソーシャルイシューとは，「社会が問題視している法的，倫理的な事項」のことである。

「CSRマネジメント」とは，簡単にいえば「企業の社会的責任を理解し，社会的責任を果たすための制度を構築し，実践していく過程」である。つまり，社会的責任を果たすことを，ソーシャルイシューに適切に対応することだと理解すれば，ソーシャルイシューへの対応のための制度構築と実践である。こうした制度には，倫理綱領，専門部署，教育研修，ヘルプライン（相

---

[1] アメリカの学界では，「ソーシャルイシュー・マネジメント」という用語は広く知られているが，日本では，学界，実業界を問わず，ほとんど知られていない。本書では，「ソーシャルイシュー・マネジメント」と「CSRマネジメント」を，便宜上，同義として扱う。また，理論にかかわる内容を説明する場合を除いて，「CSRマネジメント」という用語を用いる。

談窓口）などがある。

　後に詳細に述べるが，この30年，「CSRマネジメント」は理論面でも実践面でも確実に進展を見せている。しかしながら，残念なことに，企業不祥事が根絶したという話は聞かない。なぜ，企業不祥事はなくならないのだろうか。

　不祥事を積極的に引き起こしたいと考える企業や企業人は存在しないだろう。実際，不祥事防止のために企業内に様々な仕組みや制度が設けられていることからもそれは明らかである。それにもかかわらず，不祥事は起こっている。そして社会は不祥事を引き起こした企業に対して，「倫理感がない」「コンプライアンス意識が低い」というような内容の批判を繰り返す。

　確かに，倫理感がない，あるいは，コンプライアンス意識が低い企業もあるだろう。しかしながら，企業不祥事の原因を単に倫理感のなさやコンプライアンス意識の低さに帰結させることで，果たして事足りるのであろうか。企業人の倫理感やコンプライアンス意識が高まれば，企業不祥事はなくなるのであろうか。

　本書では，企業人の倫理感やコンプライアンス意識が高まれば，企業不祥事がなくなるというスタンスはとらない。企業不祥事の発生原因を，不祥事に直接かかわる個人の倫理感やコンプライアンス意識のみに求めないということである。筆者が日常的にかかわりをもっている企業人の多くは，極めて優秀であり，倫理・コンプライアンス意識も高い。そうであっても，企業不祥事が引き起こされている。このことを考慮に入れれば，むしろ，企業組織のもつ何らかの特性がそれを引き起こしているという前提で議論を進めるべきであろう。したがって，企業組織のマネジメントに注目し，検討を行う必要があると考えられる。

2．本書の目的と方法

　本書は，上記の問題意識に基づき，企業不祥事を防止する取り組みとして

位置づけられる「CSR マネジメント」を取り上げ，その理論上・実践上の課題を明らかにすることを目的とする。

本書においては，企業不祥事を「企業による CSR マネジメントの失敗」ととらえる。言い換えれば，「企業によるソーシャルイシューへの対応の失敗」である。このようにとらえれば，本書の目的は「なぜ企業はソーシャルイシューに適切に対応できないのか」という問いに答えることだとみることができる。この問いに答えるために，本書では，理論と実践の両面から検討を行うことにする。

まず，本書の前半では理論研究により「企業と社会」論，とりわけソーシャルイシュー・マネジメント論の検討を行う。検討の結果，ソーシャルイシューの認識困難性という課題が存在することを示す。そして，この課題に言及していない点が従来のソーシャルイシュー・マネジメント論の理論上の課題であることを指摘する。

本書の後半では，そうしたソーシャルイシュー認識における困難性の実態を明らかにするために，詳細な事例研究を行う。具体的には，企業によるソーシャルイシュー対応の失敗事例として，2000年，2002年に発生した雪印乳業が関連している2つの不祥事を取り上げる。そして，「なぜ，雪印は2回目の不祥事を防げなかったのか」という問いのもとで事例分析を行い，企業のソーシャルイシュー認識段階における陥穽の1つとして「イシューマイオピア」（issue myopia）という新しい概念を提示する。最後に，「イシューマイオピア」を前提とした，新たな「CSR マネジメント」の実践，新たなソーシャルイシュー・マネジメント論構築の必要性を指摘する。

3．研究対象および範囲の限定

本書では，その研究対象を企業組織に限定する。本書で提示するイシューマイオピアという現象は，非営利組織など企業以外の組織においても成立する可能性は高いが，本書においては検討の対象外とする。

また，本書で取り上げる企業による具体的なCSRマネジメントの実践の事例や動向に関しては，日本における，主として2000年以降の活動に限定する。

　第3章で詳述するが，企業の社会的責任をめぐる議論の歴史は新しいものではない。少なくとも，アメリカにおいては大企業の台頭とともに企業ないし経営者の社会的責任が問題とされるようになり，1960年代以降，そうした動向は非常に顕著なものとなっている。我が国においても，とりわけ，1960年代から1970年代にかけて，公害問題や消費者問題の深刻化を受け，企業の社会的責任について活発に議論されるようになった。また，1980年代半ばから1990年頃にかけては，企業フィランソロピー（企業の社会貢献活動）が注目を集め，さらにバブル崩壊後には，多くの企業不祥事の発覚を受け，企業倫理やコンプライアンス（法令遵守）が声高に叫ばれるようになった。

　しかしながら，2000年以降，CSR（corporate social responsibility）の名の下に，世界的なレベルで企業の社会的責任への関心が高まっている。これはグローバル化の進展やIT化の進展と不可分の関係にあるともいわれている。こうした流れを受け，2000年代に入り，多くの日本企業がCSRマネジメントの積極的な導入を図っている[2]。つまり，日本企業においてCSRマネジメントの制度化，高度化が進展したのは，2000年以降とみなすことができる。したがって，本書では，2000年以降の企業におけるCSRマネジメントを考察の対象とする。なお，事例研究という研究方法を採用することに伴い，日本企業のCSRマネジメントの実践に焦点をあてる。

　本書の主たる結論として提示されるイシューマイオピアという概念の導出

---

[2]　我が国では，一般に，2003年を「CSR元年」と呼ぶ。CSRという用語がこの時期に一般化したことがその一因である。しかし，この時期になって日本企業がCSRマネジメントにかかわる諸制度を構築したわけではない。それらの一部には，それ以前から各企業内に設置されていたものもある。それまでは「環境」「コンプライアンスないし企業倫理」「社会貢献」にかかわる諸制度がそれぞれ別個に構築される傾向がみられたが，2003年以降，CSRというくくりのもとに，統合され，整備され，洗練されるようになったということである。例えば，多くの企業で『環境報告書』が『CSR報告書』に名称変更されたのもこの時期である。

に際しては，上記のように，事例研究という研究手法を採用する。企業におけるソーシャルイシュー認識の困難性が生じるメカニズムを明らかにするためには，ソーシャルイシューへの対応に失敗した企業を取り上げる必要がある。しかしながら，失敗事例に関する調査に際しては，その研究上の限界を考慮に入れなければならない。例えば，不祥事をきっかけに企業自体が消滅してしまっている場合，詳細な調査はできない。また，企業自体が存続している場合でも，当該企業が不祥事に関するヒアリング調査に協力的なケースはまれである。そこで，本書では，詳細な調査が可能である雪印乳業がかかわった2つの不祥事の事例を用いて分析を行う。

4．本書の構成

以下，本書の構成を示す（図表1-1）。

第1章では，本書の問題意識を明らかにした上で，研究の目的および本書の構成などについて説明する。

第2章では，企業不祥事をめぐる状況について，①近年の企業不祥事そのものの動向，②企業不祥事にかかわる制度の動向，③企業側の企業不祥事防止への取り組み，すなわちCSRマネジメントの動向という3側面から概観する。

第3章では，企業の社会的責任という考え方が登場する背景を確認する。その上で，「企業と社会」論における全体的な整理を行う。具体的には，その主要理論である，①社会的責任論，②社会的応答性論，③企業倫理論に関して，それぞれの問題意識，研究内容，含意，課題を明らかにし，ソーシャルイシュー研究の理論としての社会的応答性論の可能性について言及する。

第4章では，社会的応答性論における中心的理論であるソーシャルイシュー・マネジメント論に焦点をあて，その内容について批判的に検討する。それにより，ソーシャルイシュー・マネジメント論には，分析レベルの異なる議論が混在していることを指摘する。さらに，ソーシャルイシュー概念の

図表1-1　本書の構成

第1章	■研究目的の設定 　－目的設定：ソーシャルイシュー・マネジメントの理論的・実践的課題の提示
第2章	■企業不祥事の現状 　－企業不祥事の動向，CSRに関する諸制度の動向，CSRマネジメントの動向
第3章	■「企業と社会」論の概観 　－社会的責任論，社会的応答性論，企業倫理論の系譜とソーシャルイシュー・マネジメント論の位置づけ
第4章	■ソーシャルイシュー・マネジメント論の検討 　－2つの分析レベルの存在の指摘 　－争点としてのイシューと課題事項としてのイシュー
第5章	■ソーシャルイシュー・マネジメントの課題 　－ソーシャルイシューの認識段階の捨象 　－認識段階の検討の必要性を提示
第6章	■事例の記述 　－雪印乳業集団食中毒事件の詳細な記述 　－雪印食品牛肉偽装事件の詳細な記述
第7章	■事例の分析 　－2つの不祥事後の対応策の比較分析 　－イシューマイオピアの導出と検討
第8章	■インプリケーションの導出とまとめ 　－ソーシャルイシュー・マネジメント論への含意 　－企業不祥事防止への含意

多義性の存在についても指摘する。

　第5章では，前章での検討結果を踏まえて，従来のソーシャルイシュー・マネジメント論がソーシャルイシューの認識段階を捨象していることを指摘し，ソーシャルイシュー認識段階についての検討が必要であることを示す。そうした検討に際し，雪印乳業集団食中毒事件と雪印食品牛肉偽装事件を分析事例として扱うことの意味，それら2つの不祥事の概要，ならびに，本書後半の構成についての説明を行う。

　第6章では，本書で検討する2つの不祥事について記述する。具体的には，①2000年に発生した雪印乳業集団食中毒事件，②2002年に発生した雪印食品牛肉偽装事件の詳細な記述を行う。

　第7章では，雪印に対するヒアリング調査に基づき，2つの不祥事後にとられた雪印の対応策について比較分析を試みる。特に，「なぜ，雪印は2回目の不祥事を防げなかったのか」という観点から，雪印乳業集団食中毒事件後の対応策について検討する。分析の結果，雪印は，ソーシャルイシューを近視眼的に捉えるイシューマイオピアに陥っていたことが指摘される。また，イシューマイオピアについての検討を行う。

　第8章では，結論，理論的含意，実践的含意，残された課題について明らかにする。

第2章

企業不祥事をめぐる状況

1．はじめに

　本章では，近年の企業不祥事をめぐる状況を確認する。具体的には，まず，近年発生した主な企業不祥事について取り上げ，紹介し，その上で，日本政府やISOによる企業不祥事防止にかかわる諸制度の制定状況を確認する。
　他方で，そうした動向を受け，企業自体も不祥事防止に向けての取り組みを強化していることから，日本経済団体連合会によるアンケート調査からこれを概観したのち，個別企業の具体的な実践状況として，資生堂および富士ゼロックスを取り上げ，CSRマネジメントの実態を確認する。

2．企業不祥事の動向

　「企業不祥事が頻発している」「企業の信頼性が問われている」，このような表現で始まる主張を目にすることが多い。確かに，「企業不祥事が頻発している」という言葉には説得力がある。実際，過去10年間に限定しても，図表2-1にあるように，社会の注目を集めるような企業不祥事が多数発生している。
　例えば，2000年には，第6章で取り上げる雪印乳業集団食中毒事件のほか，三菱自動車工業リコール隠し事件が発生している。三菱自動車工業リコール隠し事件とは，三菱自動車工業が乗用車，バス・トラックなどの欠陥情報を隠蔽し，リコールの届け出を怠ったという事件であり，2000年7月18日に運

図表2-1　日本における近年の代表的な企業不祥事

2000年	雪印乳業集団食中毒事件，三菱自動車工業リコール隠し事件
2001年	マルハ「タコ脱税」事件，国際証券検査忌避事件
2002年	雪印食品牛肉偽装事件，東京電力原子力発電所トラブル隠し問題
2003年	水道メーター談合事件，日本テレビ視聴率買収事件
2004年	六本木ヒルズ回転ドア死亡事故，カネボウ粉飾決算事件
2005年	ＪＲ福知山線脱線事故，マンション耐震強度偽装事件
2006年	パロマ湯沸器死亡事故，日興コーディアル粉飾決算事件
2007年	不二家期限切れ原材料使用問題，ミートホープ食肉偽装事件
2008年	製紙会社古紙配合率偽装問題，事故米不正転売事件
2009年	田辺三菱製薬試験データ改ざん問題，トヨタ自動車リコール問題
2010年	ジョンソン・エンド・ジョンソン日本法人独禁法違反事件

出所：齋藤（2007），および「日経テレコン21」で検索した日本経済新聞の記事より作成。

輸省（当時）が公表したことにより表面化した。運輸省の発表によれば，2000年7月上旬に運輸省宛に匿名の情報がもたらされ，それにしたがい三菱自動車工業に立ち入り検査をしたところ，不正が明らかになった。三菱自動車工業は，数年間にわたり，リコールや改善対策の対象となる不具合を認識していながら運輸省に届け出ず，いわゆる「ヤミ改修」をしていたほか，特段の対応をせずに放置していた（齋藤，2007）。

　2004年に発覚したカネボウ粉飾決算事件とは，カネボウの元社長，元副社長らが主導し，同社の2002，2003年3月期の連結決算を黒字であるかのように粉飾した事件の発覚をきっかけとして明らかになったカネボウによる一連の不正会計事件のことである。捜査の過程で，連結対象子会社のうち業績不振の子会社を連結決算から除外するという「連結外し」，経費を翌年度に繰り延べ，利益を多く見せようという「経費の先送り」，決算期に，連結対象外の子会社や取引先に対して商品を仕入れさせ，決算期後に商品を返品させるという「押し込み」などという不正会計処理が明らかになったほか，子会社との間で「循環取引」が行われていたこともわかった。さらに，公判で，

カネボウが1970年代半ばから会計の不正処理を組織ぐるみで行っていたこと，同社が元社長の社長就任時にはすでに2500億円の債務超過に陥っていたことなども明らかになった（小山，2011）。

不二家期限切れ原材料使用問題は，2007年1月10日に発覚したもので，同社の埼玉工場において，2006年10月中旬から11月上旬にかけ，消費期限が1日過ぎた牛乳を使用して，シュークリームを製造していたという問題である。この不祥事は報道機関への内部告発により明らかになった。

その後，プリンの消費期限延長や細菌検査基準値を超えたシューロールの販売などの問題が次々に表面化した。この間，マスメディアによる報道もエスカレートした。特にTBSはいわゆる「TBS不二家捏造報道問題」[1]を引き起こし，不二家が社外に設置した信頼回復対策会議により，その報道のあり方を強く批判された。しかしながら，こうした一連の動向により，不二家に対する消費者の信頼は著しく低下し，業績を急激に悪化させた不二家は，最終的には山崎製パンの子会社として再出発することになった（齋藤，2007）。

他方で，企業不祥事が「頻発」しているということは，新聞報道件数からもうかがい知ることができる。図表2-2によれば，バブル崩壊後，企業不祥事に関する新聞報道件数は，多少の増減はあるものの，基本的には増加していることがわかる。また，近年の報道件数のピークである2007年には，年間およそ2500件の企業不祥事に関する報道がなされたことが見て取れる[2]。

以上より，企業不祥事そのものは，近年，確かに発生しており，それが社

---

[1] TBSが2007年1月22日放送の「みのもんたの朝ズバッ！」で，不二家の平塚工場の元従業員の証言をもとに，同工場で賞味期限切れのチョコレートを回収し，牛乳を混ぜて再び商品化していたと報道した問題。放送直後から不二家は「事実無根」だとしてTBSに抗議していた。放送倫理・番組向上委員会（BPO）は，不十分な取材や断罪的コメントなどについて「放送倫理上，見逃すことができない落ち度」があったことを指摘した。『日経金融新聞』2007年8月31日による。
[2] このデータには企業以外の不祥事に関する記事も含まれる可能性があるが，その多くは企業不祥事に関するものであることから，大まかな傾向は表していると考えられる。もちろん，記事の件数そのものが企業不祥事発生件数自体を示すものではない。

図表 2-2　四大紙における「企業不祥事」報道件数（1994年〜2010年）

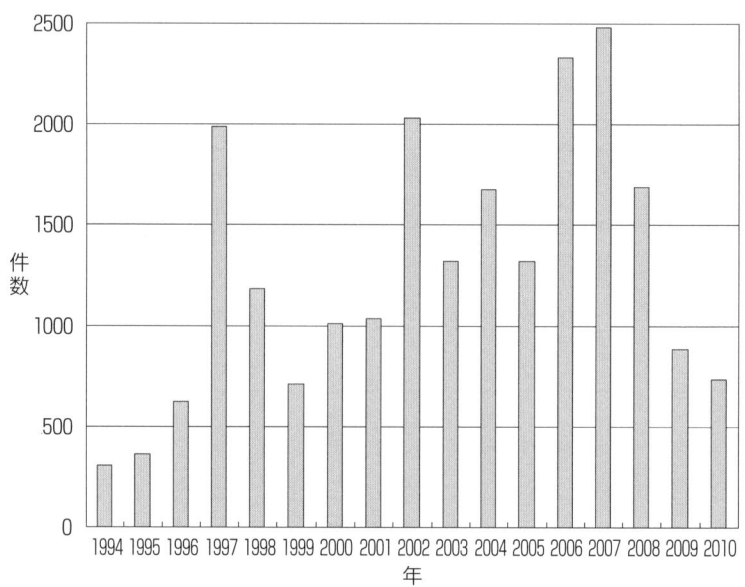

注：「日経テレコン21」で「企業」と「不祥事」をキーワードに，四大紙（朝日新聞，毎日新聞，読売新聞，日本経済新聞の朝刊）の記事を検索。

会の関心をよんでいるということが明らかになる。

3．CSR 推進にかかわる諸制度

こうした企業不祥事の「頻発」をうけ，社会は企業の利益優先主義を強く問題にするようになる。安全性や法令，倫理よりも利益を優先しているがゆえに不祥事が発生するというのである。したがって企業に対して，コンプライアンス・企業倫理の徹底，社会的責任の遂行が強く求められることになった[3]。

---

3) コンプライアンス，企業倫理，社会的責任，CSR という用語は，各企業独自の意味内容で用いられることが多い。それは必ずしも学術的な用語の定義と一致するわけではない。また，いわゆる不祥事を防ぐための思考や行動を表す用語としてそのいずれを用い

以下では，CSR推進にかかわる社会的な制度化の状況について，法律の改正・制定，ISO26000の発行を取り上げ，これを見ていくことにする。

(1) 法律の改正・制定

近年，企業不祥事を防止するために，いくつかの法改正や法制定が行われている。

コーポレート・ガバナンス[4]の強化という観点でいうと，2003年の商法改正と2006年の会社法施行を取り上げることができる。2003年の商法改正では，大会社などに「委員会等設置会社」の導入が認められた。これは，アメリカ型の会社機関構造を日本に導入したものであり，具体的には，監査役制度を廃止し，取締役会内に指名委員会，報酬委員会，監査委員会を置くという内容である。各委員会は3人以上の取締役で構成され，社外取締役がそれぞれ過半数を占めるものとされる。さらに，2006年施行の会社法では，株式会社の会社機関設計の自由度が大幅に拡大した。これは，同じ株式会社という企業形態が巨大企業から中小零細企業までをも含むという問題を解決するためになされた。会社の規模に応じた性格の違いを反映した機関設計を可能にしたのである。こうした法改正や法制定は，いずれも経営者の行動をチェックし，コントロールし，健全な企業経営を担保することを1つの主要な目的としている（三戸・池内・勝部，2006）。

コーポレート・ガバナンスに関連して，企業における内部統制を強化する動きも見られる。内部統制とは，①業務の有効性および効率性，②財務報告の信頼性，③事業活動にかかわる法令等の遵守，④資産の保全が達成されていることを保証するために，業務に組み込まれ，組織構成員によって遂行されるプロセスをいう。統制環境，リスクの評価と対応，統制活動，情報と伝

るかということも当該企業の判断に依存する。以下，特定の企業を取り上げる際には，原則として，それぞれの企業の用語に従う。

4) 本書では「コーポレート・ガバナンス」と表記するが，資料引用の際には，それぞれの表記に従う。

達，モニタリング，ITへの対応という6つの基本的要素から構成される。会社法施行に伴い，大会社については内部統制システムの構築の基本方針の決定が義務づけられた。また，2007年に施行された金融商品取引法（いわゆるJ-SOX法）では，上記②の財務報告の信頼性にかかわる財務報告システムについての規定がなされている（黒川・赤羽，2009）。

　特定のテーマにかかわる法律の制定としては，例えば2003年の個人情報保護法の制定があげられる。同法は高度情報通信社会の進展に伴い個人情報の利用が著しく拡大したことをうけ，個人情報の有用性に配慮しつつ個人の権利利益を保護することを目的として制定された。これに伴い，企業には個人情報の適正な取り扱いの確保が求められるようになった。

　さらに，企業内に不正行為を早期に発見する仕組みを構築することを促すことにかかわる公益通報者保護法が2006年から施行された。これはいわゆる内部告発を制度化する法律で，適切な手順に従い公益目的の内部告発を行った労働者を保護することを目的としている。

（2）ISO26000の発行

　日本国内のみならず，グローバルなレベルでの企業不祥事防止へ向けた取り組みも活発化している。その代表的なものに，ISO26000がある。

　ISO26000[5]はSR（social responsibility：社会的責任）に関する国際規格で，2010年11月に発行された。2001年からISO内部でCSRに関する規格作成が検討され始めたが，2003年には，企業だけでなく，その他の組織体も社会的責任を負うとの観点から，SRという呼称が用いられるようになった。その後，世界各国の企業，消費者，労働組合，政府，NGOなどの関係者が参加した作業部会などで議論が重ねられ，2010年9月に最終規格案が承認，11月の規格発行に至った。

　品質管理に関するISO9001や地球環境問題に関するISO14001などの認証

5）　以下の記述は，財団法人日本規格協会ISO/SR国内委員会HPによる（http://iso26000.jsa.or.jp/contents/index.asp，アクセス日：2010年12月19日）。

規格とは異なり，ISO26000はガイダンス文書として位置づけられる。ここでいうガイダンス文書とは自主的な手引書を意味する。したがって，ISO26000では社会的責任の考え方や望ましい活動についてが例示されることになる。いわゆる，第三者認証を想定していないという点に特徴がある。

ISO26000においては，社会的責任は，組織活動が社会および環境におよぼす影響に対して組織が担う責任のことだとされる。そして，社会的責任を果たすための7つの原則が示される。すなわち，「説明責任」「透明性」「倫理的な行動」「ステークホルダー[6]の利害の尊重」「法の支配の尊重」「国際行動規範の尊重」「人権の尊重」である。その上で，「組織統治」「人権」「労働慣行」「環境」「公正な事業慣行」「消費者課題」「コミュニティへの参画及びコミュニティの発展」という7つの中核主題とそれに関連する多数の課題が提示され，それらに対応する組織的な行動や取り組みが期待されることになる。

こうしたことにより，ISO26000においては，組織および地球ないし社会全体の持続的発展への組織の貢献を最大化することが意図されている。

4．CSRマネジメント

他方，とりわけ2000年以降，各企業が不祥事の防止に積極的に取り組んでいるという事実もある。企業側も不祥事に対してただ手をこまぬいて見ているだけではない。日本経団連が2009年9月に発表した「CSR（企業の社会的責任）に関するアンケート調査結果」（図表2-3）を見てみよう。ここでは，2005年と比べての2009年の企業におけるCSRへの取り組み状況が示されている。

それによれば，CSRに関する方針や戦略の明確化については，74％の企業が「かなり進んだ」もしくは「ある程度進んだ」と回答している。CSR

---

[6] 本書では「ステイクホルダー」と表記するが，資料引用の際には，それぞれの表記に従う。

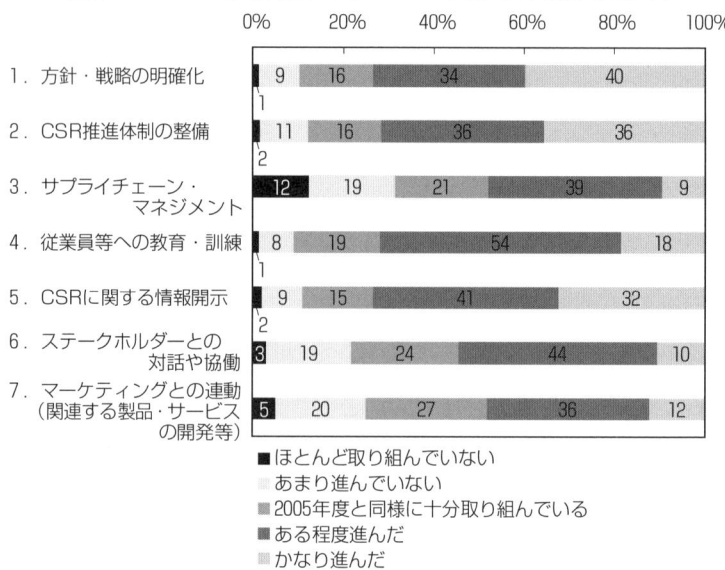

図表 2-3　2005年と比較してのCSRへの取り組み状況（2009年）

注：数字は％（各項目への回答企業数に対する回答社数の割合）を示す。
出所：日本経済団体連合会企業行動委員会（2009），p.10に基づき作成。

推進体制の整備については，72％の企業が「かなり進んだ」もしくは「ある程度進んだ」と回答している。サプライチェーン全体を通じてのCSRへの取り組み（「サプライチェーン・マネジメント」）は，若干進展が遅く，「かなり進んだ」もしくは「ある程度進んだ」という回答は48％にとどまっている。従業員等への教育・訓練については，72％の企業が「かなり進んだ」もしくは「ある程度進んだ」と回答している。CSRに関する情報開示については，73％の企業が「かなり進んだ」もしくは「ある程度進んだ」と回答している。ステークホルダーとの対話や協働についても若干進展が遅く，「かなり進んだ」もしくは「ある程度進んだ」という回答は54％となっている。マーケティングとの連動は，サプライチェーン・マネジメントと同様，「かなり進んだ」もしくは「ある程度進んだ」という回答は48％にとどまっている。

以上より，CSR に関する方針・戦略，組織，教育研修，情報開示などについてはその取り組みが大いに進展していることがわかる。他方で，サプライチェーン全体での CSR への取り組みや，ステイクホルダーとの対話・協働，マーケティングとの連動については，およそ半数の企業では取り組みが進んでいるものの，全体的に見ればこれからの課題となっていることがわかる。

（1） 個別企業の取り組み：資生堂

　個別企業でいえば，例えば，先進的な取り組みで有名な資生堂[7]は，全社的な CSR 憲章としての「THE SHISEIDO WAY」のもとで，従業員の行動基準を「THE SHISEIDO CODE」（図表2－4）に定め，CSR 活動[8]を展開している。また，CSR 活動を推進していくために，社外委員と資生堂の労働組合委員長をメンバーに含む，取締役会直轄の「CSR 委員会」「コンプライアンス委員会」の2つの委員会を設置している[9]。

　資生堂の CSR 活動を支える重要なしくみに，コードリーダー制度がある。コードリーダーは，役職，性別，年齢にかかわらず各職場の特性に合わせて選任され，各職場の CSR 活動計画を作成し，PDCA サイクルにしたがい，活動を展開している。国内全部門・事業所に，計約500名のコードリーダーが配置されている。

　また，役員および全従業員は年1回以上，人権啓発・企業倫理研修を受講している。研修には，新任コードリーダー研修（年1回），階層別研修（年1回），事業所別全社員研修（年1回）がある。

　いわゆるヘルプラインも，社内の「資生堂相談ルーム」と弁護士事務所内の「資生堂社外相談窓口」の2つを設置している。派遣社員を含む全従業員

---

7) 以下は，資生堂 HP（http://www.shiseido.co.jp/corp/csr/，アクセス日：2010年8月18日）による。
8) 社会的責任遂行のための一連の活動。
9) いずれの委員会も CSR 部が事務局になっている。

図表2-4　THE SHISEIDO CODE（抜粋）

第1章　お客さまとともに
　1．私たちは，常にお客さまの視点に立って，真に満足いただける優れた商品とサービスの研究，開発，製造，販売に取り組みます。
　2．私たちは，お客さまに対して，質の高い情報を提供します。
　3．私たちは，お客さまの満足と信頼が得られるように行動します。
　4．私たちは，お客さまの声を積極的に聞いて，今後の行動に生かします。
　5．私たちは，資生堂グループのブランド価値を高めることに努めます。
第2章　取引先とともに
　1．私たちは，こころざしを同じくするすべての取引先を尊重し，共存することを目指します。
　2．私たちは，独占禁止法などの法令を守り，正々堂々と競争します。
　3．私たちは，公正さを疑われるような贈答や接待をしたり，受けたりはしません。
第3章　株主とともに
　1．私たちは，資生堂グループの資産を生かして，業績と利益を上げることに努めます。
　2．私たちは，透明性のある企業経営を堅持して，適正な会計処理を行ないます。
　3．私たちは，株主や投資家との対話を大切にして，資本市場から信頼を得られるように努めます。
　4．私たちは，未公開の重要な情報（インサイダー情報）を適切に取り扱います。
第4章　社員とともに
　1．私たちは，職場のすべての人たちが生きいきと働けるように，互いを思いやり，それぞれの考え方や立場を尊重します。
　2．私たちは，誠実に仕事に取り組むとともに，新しい価値の創造を目指し，自己啓発に努めます。
　3．私たちは，健康的で安全な職場環境づくりに努めます。
　4．私たちは，情報を適切に管理して，機密情報を厳重に取り扱います。
　5．私たちは，互いに気持ちよく仕事をするために，公私のけじめを守ります。
第5章　社会とともに
　1．私たちは，すべての国や地域において，その国や地域の法令を守り，慣習を尊重します。
　2．私たちは，環境法と独自の厳しい環境基準を守り，地球環境の保全に努めます。
　3．私たちは，社会と積極的にかかわっていきます。
第6章　THE SHISEIDO CODE の推進体制
　1．THE SHISEIDO CODE の位置づけ
　2．推進体制と役割
　3．THE SHISEIDO CODE に違反した場合
　4．THE SHISEIDO CODE の改定

出所：資生堂 HP（http://www.shiseido.co.jp/corp/company/principle/code_index.html，アクセス日：2010年8月18日）。

に配布している「エシックスカード」には，上述の社内外のヘルプラインに加え，「メンタルヘルス相談窓口」(社内) と「資生堂健康サポートダイヤル24」(社外) の連絡先等の詳細が掲載されている。

(2) 個別企業の取り組み:富士ゼロックス

富士ゼロックス[10]は1980年代から企業倫理・コンプライアンス活動に積極的に取り組んできた。このため，例えば，2001年度の朝日文化財団主催の「企業の社会貢献度」調査においては「大賞」を，2002年度においては「企業倫理賞」を受賞しているほか，2004年度には経営倫理実践研究センター[11]選定の「経営倫理最優秀努力賞」を受賞するなど，この領域では先進的な企業の1つである。富士ゼロックスは全般的な経営理念をベースにしつつ，「富士フイルムグループ企業行動憲章」「ALL-FX 行動規範」[12]といった倫理綱領に基づき，活動を展開している。その取り組みには「意識の定着・職場風土の醸成」「推進体制」「しくみの構築」の3レベルがある。

「意識の定着・職場風土の醸成」に関しては，「企業倫理・コンプライアンス教育」が1999年より実施されている。これは原則として富士ゼロックスおよび国内外関連会社の全従業員を対象とするものである。また，2007年からは，ALL-FX 行動規範が制定されたことを受けて，ALL-FX 行動規範教育が実施されている。これは ALL-FX 行動規範の内容を理解し，日常業務においてこれに基づいた判断と行動を実践するために行われている。このほか，2004年4月からは，主要な日本の法律を理解するための研修プログラムとして，法令基礎教育が導入されている。この研修は富士ゼロックスおよび

---

10) 以下は，富士ゼロックス HP (http://www.fujixerox.co.jp/company/about/compliance/, アクセス日:2011年5月24日) による。
11) 一般社団法人経営倫理実践研究センターは，企業の経営倫理を実践研究するわが国初の産学協同の専門機関として1997年に発足した。経営倫理に関する国内外の情報収集や研究，企業活動におけるコンサルティング，企業人への啓発・普及などを行っている。会員企業は100社を超える。理事長は東京ガス株式会社取締役会長の鳥原光憲氏 (http://www.berc.gr.jp/, アクセス日:2011年9月1日)。
12) ALL-FX は，富士ゼロックスおよび国内外関連会社を指す社内用語である。

図表2-5 富士ゼロックスの倫理・コンプライアンス推進体制

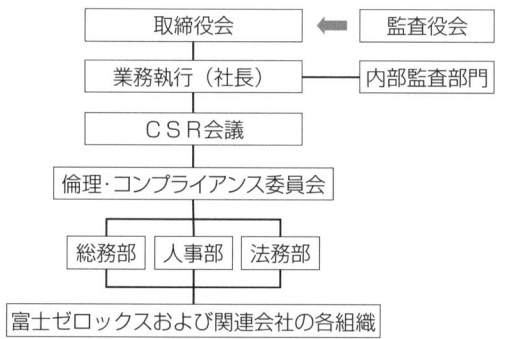

出所：富士ゼロックスHP（http://www.fujixerox.co.jp/company/about/compliance/、アクセス日：2011年5月24日）。

国内外関連会社の役員と全従業員を対象としたもので、専用のテキストでの自習後、20問の理解度確認テストが行われる。2カ月以内に80点以上の得点を得ることが求められる。

「推進体制」に関しては、「CSR会議」「倫理・コンプライアンス委員会」「部門分掌の明確化」という3本の柱を中心に、図表2-5のような推進体制が構築されている。「CSR会議」は富士ゼロックスの経営機構における7つの機能会議体の1つで、社長が議長を務め、企業倫理・コンプライアンスに関する事項を決定する。「倫理・コンプライアンス委員会」は法務担当役員を議長とし、コンプライアンスに関する方針・計画や関連施策の審議を行う。「部門分掌の明確化」については、個人倫理・職場規律は総務部・人事部が所管し、法令遵守の内部統制システムは法務部と経営監査部が所管するという体制を意味する。

「しくみの構築」では、「倫理・コンプライアンス行動指針」「内部統制システムの整備」「倫理・コンプライアンス管理規程」「コンプライアンス・ガイドライン」「伝達の徹底」「企業倫理ヘルプライン」「内部監査との連携」が示される。内部統制の観点から倫理・コンプライアンスに関するしくみを構築しているのが富士ゼロックスの特徴で、したがって、いわゆる倫理綱領

が，抽象度の高い「倫理・コンプライアンス行動指針」から具体的な手順を示した「コンプライアンス・ガイドライン」まで階層化して存在しているほか，内部監査部門との連携が強調される。

5．小　　括

　社会で発生しているソーシャルイシューに対応する，あるいは，企業自体がソーシャルイシューを発生させないようにするという企業活動が「CSRマネジメント」である。近年，企業はこうした「CSRマネジメント」を，その経営実践に積極的に組み入れている。
　これまで述べてきたことからも明らかなように，社会の視点から捉えれば，確かに企業不祥事は頻発しているといえるが，同時に，企業の視点から捉えれば，その防止に向けて，「CSRマネジメント」の構築が進んでいるというのが，近年の企業の社会的責任（CSR）をめぐる企業と社会の構図として理解できる。
　ここにおいては，企業不祥事が一向になくならないという社会の側の苛立ちが存在する一方で，これほどまでに努力しているにもかかわらず，不祥事が発生してしまうという企業の側の嘆きが存在する。企業が不祥事防止に向けた努力をしていないのであれば，社会からの批判を甘んじて受け入れざるを得ない。しかしながら，前述のように，近年，多くの企業は非常に熱心に「CSRマネジメント」を実践している。企業が不祥事防止に向けた努力をしているにもかかわらず，企業不祥事が頻発しているとすれば，これはゆゆしき事態であるといえよう。
　もちろん，マスメディアによる報道件数の増加をもって，直ちに企業不祥事が増加しているとはいえない。また，企業の社会的責任への関心の高まりが企業不祥事に関する報道を増加させているとみることもできる。さらにいえば，企業側も同じ過ちを繰り返しているわけではない。例えば，公害病の原因物質として知られる二酸化硫黄の年平均濃度は，公害が問題化した高度

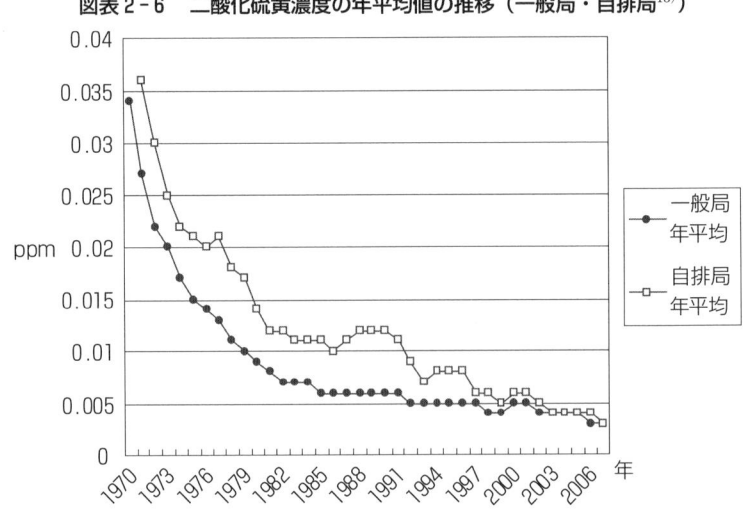

図表2-6 二酸化硫黄濃度の年平均値の推移（一般局・自排局[13]）

出所：環境省HP（http://www.env.go.jp/doc/toukei/contents/data/08ex423.xls, アクセス日：2010年8月18日）。

経済成長期以降，企業による低硫黄原油の輸入，重油の脱硫，排煙脱硫装置の設置などといった対策の結果，着実に低下していることがわかる（図表2-6）。

しかし，「CSRマネジメント」に積極的に取り組んでいる企業による不祥事が発生していることもまた紛れもない事実である。東京電力などはその典型であろう。そうであるとするならば，企業による「CSRマネジメント」の実践には何らかの課題が存在するということになる。

すでに述べたように，経営学において，「CSRマネジメント」にかかわる研究は主にソーシャルイシュー・マネジメント論の分野で進められてきた。このソーシャルイシュー・マネジメント論における研究成果は企業における「CSRマネジメント」の実践にも多大なる貢献を果たしてきた。両者は密接

---

[13] 大気汚染を常時監視するための設備が設置されている施設を「測定局」と呼ぶ。測定局には測定目的の違いから，「一般環境大気測定局（一般局）」と「自動車排出ガス測定局（自排局）」がある。

な関係をもって発展してきたといってもいい。しかし，上記のような構図を前提とすれば，企業における「CSRマネジメント」のみならず，その理論的背景であるソーシャルイシュー・マネジメント論にも何らかの理論上の課題が存在する可能性がある。

　この課題を明らかにするために，以下，第3章において，CSR論の展開，ソーシャルイシュー・マネジメント論の展開について概観し，第4章において，ソーシャルイシュー・マネジメント論の課題についての検討を行う。

第3章

「企業と社会」論における
ソーシャルイシュー

1. はじめに

　本章では，これまで「企業と社会」論ではソーシャルイシューがどのように扱われてきたのかをアメリカでの動きを中心に確認する。

　具体的には，まず，企業の社会的責任という考え方が登場する背景を確認する。その上で，「企業と社会」論における主要理論である，①企業の社会的責任論，②企業の社会的応答性論，③企業倫理論という3つの理論において，ソーシャルイシューがどのように扱われてきたのかについて概観する。そして，ソーシャルイシュー研究の理論としての企業の社会的応答性論の可能性について言及する。

2. 企業の社会的責任の背景

（1） 企業権力と企業の社会的責任

　企業の社会的責任という考え方は，企業規模が拡大する過程で生まれてきたものである。つまり，企業の社会的責任は，大規模化に伴って拡大してきた企業のもつ権力の行使をめぐる問題だといえる。実際，アメリカにおける企業の社会的責任への関心は，大企業が台頭してきた19世紀末から20世紀初頭にかけて，すでに高まりをみせている。当時，企業は大規模化するととも

に巨大な権力をもつようになり，それに比例してその反社会的，非競争的行動が批判され始めていた[1]。社会は，法や規制により企業の権力を抑制しようとしたのである。

このような企業批判に直面し，一部の企業家は，企業の権力を利潤追求のためだけでなく，広く社会的な目的のためにも用いるようになった。こうした企業家たちの行動には大きく2つのパターンが見られる。第1は，Andrew Carnegie や John D. Rockefeller，J. P. Morgan らの動きであり，彼らは教育機関や慈善団体に対して多額の寄付を行った。第2は，Henry Ford らのパターンで，彼らは従業員の福利厚生を充実するための温情主義的（paternalistic）プログラムを展開した（Lawrence & Weber, 2011）。

この背景には，企業に対する規制の強化を予防しようという狙いもあった。しかし，一方で，これらの企業家たちは，企業には利潤追求を超え，あるいは利潤追求と並んで社会に対する責任があるとの考えももっていた。事実，Carnegie は，企業は利潤を追求しなければならないが，企業の富はコミュニティのために使われなければならないとする考え方を明らかにしている（Bremner, 1988）。

Lawrence & Weber（2008）は，Carnegie らのフィランソロピストとしての行動や，Ford による温情主義的経営に見られるような当時の社会的責任に関する考え方が，現代的な社会的責任概念を構成している二大原理の原点にあたることを指摘している。その原理は，慈善原理（charity principle）と受託者原理（stewardship principle）であり，Carnegie らの取り組みが前者にあたり，Ford による取り組みが後者にあたる。この2つの原理を整理して示したものが図表3-1である。

企業権力の問題はその後も経営学において重要な課題として受け止められ，研究が進展した。とりわけ，この企業権力の問題を中心に据えて議論を展開したのは，Berle & Means である。Berle & Means は，1932年の著書，

---

[1] 当時の企業に対する法律や規制の強化については，Fligstein（1990）を参照のこと。

第3章 「企業と社会」論におけるソーシャルイシュー

図表3-1 企業の社会的責任に関する基本原理の定義とその現代的表現

	慈善原理	受託者原理
定義	企業は社会の貧困な人々や集団に対して自発的に支援を行うべきである。	企業は公衆の受託者として意思決定や政策によって影響を受ける全ての人々の利害を考慮すべきである。
活動のタイプ	・企業フィランソロピー ・公共の福祉を向上させるための自発的活動。	・企業と社会の相互依存性の認識 ・社会の多様な集団の利益や要求のバランスをはかること。

出所：Lawrence & Weber（2008），p.48を基に作成。

Modern Corporation and Private Property（邦訳：『近代株式会社と私有財産』）において，巨大株式会社への経済的な権力の集中の状況を指摘し，その権力が経営者の手中にあることを明らかにした。そして，巨大株式会社の権力は誰のために行使されるべきかを問題とし，経営者支配となった巨大株式会社は社会全体に対して奉仕すべき存在になったとした。つまり，経営者支配となった大企業は資本家や経営者にとっての私的致富手段[2]ではなく，社会全体のために存在する準公的会社（quasi-public corporation）だという主張である。この株式会社の性質の変容は「株式会社革命論」とよばれる（Berle & Means, 1991）。

この「株式会社革命論」に依拠して，企業の権力と社会的責任の関係を整理してみよう。

巨大な権力をもつ大企業は，その事業活動の過程や結果を通じて，社会に対して広範で強大な影響を及ぼすようになる。例えば，株主は企業の業績の変化により影響を受けるし，従業員はその生活の基盤を企業からの賃金に依存することにより同様に影響を受ける。消費者も企業の提供する財・サービスなしには生活していくことができなくなる。こうして企業に関与し，依存する人々が増加してくるにしたがい，それらの人々の利害に配慮した権力の行使の仕方が問題になる。図表3-1で示した社会的責任における受託者原

---

[2] 資本家の私的な利潤追求のための手段。

理は，ここから導き出される考え方である。三戸（1998）は，Berle & Means の「株式会社革命論」が，大企業は株主のものでなく利害関係者（ステイクホルダー）全員のものであるとする考え方の嚆矢であることを指摘している。

一方で，企業権力の拡大に伴い，その権力の新たな活用の仕方も問題となる。具体的にいえば，企業フィランソロピーの問題である。実際に，大企業のもつ財産の規模からすれば，企業フィランソロピーへの期待が高まるのは当然のことであり，他方で，フィランソロピーへの社会的な需要が高まるにつれ，「個人」での活動だけでは対応しきれなくなるだろうことは想像に難くない[3]。

この点に関して，1953年の「A・P・スミス裁判」は注目に値する。A・P・スミス社によるプリンストン大学への1500ドルの寄付の是非をめぐる裁判である。ニュージャージー州最高裁判所は，A・P・スミス裁判の判決の中で，国家の富の大部分が，会社の手に移った段階においては，企業も，個々人がなしてきたのと同様に，フィランソロピーに関与すべきであるとした（森田，1978）。この判決では，大企業のもつ財産の規模についての言及が見られ，社会的存在としての大企業はその財産を公共のためにも用いるべきだとの見解が示された。社会的責任における慈善原理である[4]。

こうした企業権力と社会的責任の関係については，「責任の鉄則」(iron

---

[3] 企業フィランソロピーについては，小山（1997a），小山（1999），小山（2004）を参照のこと。

[4] 日本では企業フィランソロピーの是非について直接的に争われた裁判はない。しかしながら，1970年の「八幡製鉄政治献金事件」に関する裁判において，企業フィランソロピーが間接的に扱われている。

　この事件は，八幡製鉄が自由民主党に350万円の献金をしたことが，会社の目的の範囲外の行為であって，取締役の忠実義務に違反するとして，同社の株主の1人が代表訴訟を起こしたものである。判決の中で最高裁判所は，政治資金の寄付と並べて，災害救援資金や福祉事業に対する寄付などを会社の定款に定めた目的の範囲内の行為だと認めている。さらに，この事件で注目すべきは，第1審にあたる東京地裁の判決である。すなわち，政治献金は定款違反で，かつ忠実義務違反の行為だとされたにもかかわらず，慈善のための寄付や学術研究の補助などは，例外的に取締役が責任を問われない行為だ

law of responsibility）という考え方で説明されることがある。「責任の鉄則」とは，権力にはそれに見合うだけの責任が伴うという考え方で，責任を果たしていると認められない権力の行使は正当ではなく，したがって，そうした状況が続けば，やがて，その権力は失われることになるという意味内容である（Lawrence & Weber, 2011）。

この議論に基づけば，逆に，どのような権力の行使が正当なのかが問題となる。したがって，このことから企業の社会的責任の意味内容をめぐる議論が生じてくることになる。

（2） 社会の変化と企業活動の変容

20世紀における社会の発展は，大量生産に基礎をおく産業化の進展によって達成された。経済的な発展が社会の発展を意味したといってよい。工場の煙突から出る煙は，国家発展のシンボルであったし，大量生産・大量消費は「豊かさ」の象徴でもあった。

人々の生活水準が高まると，それにしたがって教育水準も高まる。これに加え，マスメディアが高度に発達するようになると，やがて人々は物質的な「豊かさ」のみならず精神的な「豊かさ」をも求めるようになった。

アメリカにおいて，権利意識の強化，とりわけベトナム反戦，女性の権利，老人の権利，マイノリティの権利，身障者の権利などの強化を目指す社会運動が盛り上がりを見せたのは1960年代であった。さらに1970年代までには消費者運動や環境保護運動が高まりを見せた。こうした社会運動のうねりは，日本でも見られ，同時期に，消費者運動，環境保護運動が活発化した。

ここでは，企業活動に関わりの深い問題として，「企業と社会」論の展開に影響を与えた，当時の消費者運動と環境保護運動を取り上げてみることにしよう。

とされたのである。詳細は，小山（2004）を参照のこと。

1）消費者運動

アメリカの消費者運動を代表する人物といえば「キャンペーン GM」で有名な Ralph Nader であろう。1965年の著書，*Unsafe at Any Speed: The Designed-In Dangers of the American Automobile*（邦訳：『どんなスピードでも自動車は危険だ』）は，空前の消費者運動を引き起こし，1972年の消費者製品安全委員会（CPSC）設立をもたらすまでにいたった。

当時の消費者運動の主な論点には，「不当な高価格」「製品の安全性」「誇大広告」「健康に有害な製品（タバコ，高脂肪食品，農薬）」などがあったが，その後「製品構造の複雑化」「高度に専門化したサービス」「感覚を重視した広告（そのような広告は商品説明が不十分になる）」なども取り上げられるようになった（Post, et al., 2002）。

消費者保護に関連する主な政府機関としては，前述のCPSCをはじめ，連邦取引委員会（FTC），食品薬品局（FDA），連邦高速道路交通安全局（NHTSA），司法省（DOJ），国家運輸安全委員会（NTSB）などがある。このうち自動車の安全にかかわる問題を扱う連邦高速道路交通安全局はCPSC同様，1960年代から1970年代にかけての消費者運動に対応して設立されたものである（Lawrence & Weber, 2011）。

このような社会の変化に対する企業の対応として，いくつかの行動をあげることができる（Frederick, et al., 1992; Lawrence & Weber, 2011; 林田, 1995）。

第1は，消費者問題担当部署の設置である。現在，多くの企業が消費者問題担当部署を設置しており，「消費者ホットライン」を設けて直接消費者の苦情を受け付けている。

第2は，BBB（Better Business Bureaus，以下 BBB と略記）の運営である。そもそも BBB は，1912年に広告の悪用を正すことを目的として設立されたが，今日では我が国の消費者センターと同様の機能をはたす機関となっている。我が国の消費者センターが行政によって組織されているのに対し，BBB は企業を会員とする民間の非営利団体であって，会員企業の拠出金に

より運営されている。

　第3は，企業による製品のリコールである。リコールは1970年代中頃より頻繁に行われるようになった。

　我が国の消費者運動に関していえば，1969年6月に欠陥車問題が起き，同年には日本消費者連盟が，翌1970年には日本ユーザーユニオンが発足している。同じ頃，人工甘味料チクロ追放運動，カラーテレビ二重価格問題に端を発した不買運動とメーカーに対する訴訟，合成殺菌剤ＡＦ２追放運動などが起こっている（壹岐・木村，1985）。

　これらの動きに対応して，1968年には消費者保護基本法が公布されるとともに，全国に消費者センターが設立され，さらに1970年には経済企画庁（当時）所管で国民生活センターが発足している。なお，近年では，1995年にPL（製造物責任）法が施行されたのをはじめ，2001年の消費者契約法施行，2007年の同法改正，2009年の消費者庁発足などの動きが見られる。

　企業の側の対応としては，アメリカの場合と同様に，消費者問題担当部門の設置があげられる。1983年までに設立された企業の消費者問題担当部門のうち，その86.6％が1970年以降に設立され，とりわけ1970年から1979年までの10年間に全体の63.1％が設立されている（壹岐・木村，1985）。また，企業による製品のリコールも，アメリカと同様に行われている[5]。

2）環境保護運動

　次に環境保護運動の展開について見てみよう。

　アメリカでは，1962年に出版された Rachel Carson の著書，*Silent Spring*（邦訳：『沈黙の春』）が，人々の自然環境への関心を高めた。そして，環境保護運動が高まりを見せるとともに，数多く公害防止・自然破壊防止を目的とした圧力団体が形成された。

　このような動きに対応して，1969年に国家環境政策法，1970年に大気汚染防止法，1972年に水質汚濁防止法が，それぞれ制定されている。政府機関と

---

[5] リコールには，法令に基づくものと，企業側が自発的に行うものがある。

しては1969年に環境諮問委員会（CEQ），1970年に環境保護庁（EPA），1974年に原子力規制委員会（NRC）が設立されている（Freeman, 1984; Frederick, et al., 1992; Lawrence & Weber, 2011）。

　他方，企業側も様々な公害防止対策を実施している。例えば，1976年のデータによれば，総設備投資額に対する公害防止投資額の比率（公害防止投資比率）は，全産業平均で5.6％であり，非鉄金属が18.9％，鉄鋼が15.1％，紙・パルプが14.7％など，公害防止投資比率が10％を越える産業も多数あることがわかる（Frederick, et al., 1988）。

　日本の公害問題に関しては，1967年に公害対策基本法が制定されたのをはじめ，1968年には大気汚染防止法，1970年には水質汚濁防止法がそれぞれ制定されるといった動きが見られた。さらに，1971年には環境庁が設置された。いわゆる四大公害が大きく取り上げられたのも1960年代から1970年代にかけてである。

　このような社会の動きに対して，当時，企業も公害防止のための設備投資を行った。とりわけ1972年から1975年にかけての「公害防止設備投資」は極めて高い伸び率を見せている。素材・基幹産業および加工型産業における公害防止投資の対前年伸び率を見ると，それぞれ1972年が24.5％と15.8％，1973年が69.0％と80.8％，1974年が41.1％と8.9％，1975年が27.2％と2.5％となっている（壹岐・木村，1985）。

　以上，概観したように，社会と企業の相互作用を通じて人々のもつ価値観は次第に変化している。そうした価値観の変化が企業活動に対する新たな要請を生み出し，他方で，企業活動自体もまたそのような要請に応えるように変化してきている。つまり，このような企業に対する社会的要請とそれに対する企業の応答を通じて，企業の社会的責任の意味内容は明確化するといえる。

3．企業の社会的責任論

　前述のような，現実の社会と企業の相互作用をふまえ，企業の社会的責任を概念化し，理論化してきたのが企業の社会的責任論である[6]。現代的な企業の社会的責任論は，1953年に出版されたH. Bowenの著書，*Social Responsibilities of the Businessman*（邦訳：『企業人の社会的責任』）をその嚆矢とする。それ以降，企業の社会的責任論は，時代背景をふまえつつ発展してきた。

　Davis（1960）は，企業の社会的責任概念の意味内容を直接的な経済的利益を超えるものとした。Davisによれば，企業の社会的責任には2つの側面がある。第1は，「社会−経済的責任」であり，コミュニティにおける経済発展に対する義務である。第2は，「社会−人間的責任」であり，人間らしさを高めることに対する義務である。Davisは後者をより重視する立場をとり，その中心的課題として，仕事に意味をもたせること，従業員の潜在能力を十分に引き出すこと，労働において創造性や自由を確保すること，人間の尊厳を守ることをあげている。

　Friedman（1962）は，社会的責任を強調する見解は自由経済体制にとって根本的に破壊的な考え方だとした。その上で，不正行為のないオープンかつ自由な競争の中で，株主の利益を最大化することが経営者にとっての唯一無二の社会的責任だと主張した[7]。

　McGuire（1963）は，Friedmanを社会的責任否定論の代表的論者として

---

6) 社会的要請の変化と社会的責任論の展開については，小山（2003）を参照のこと。
7) 一般に，社会的責任の概念把握は，後述するCarrollの分類を用いると，①経済的責任＋法的責任＋倫理的責任＋社会貢献の責任，②倫理的責任＋社会貢献的責任，③社会貢献的責任，④経済的責任（＋法的責任＋倫理的責任）という4タイプに分類できる。いわゆる社会的責任否定論者は「社会的責任」の意味内容を③または②と捉えて批判する傾向にある。Friedmanは「社会的責任」を③と捉えた上でこれを否定する。そして，仮に企業に「社会的責任」があるとすればそれは④のタイプであるとする。詳細は，小山（1997b）を参照のこと。

取り上げるとともに，Friedman の見解に対する反論として，現代企業には経済的，法的義務だけでなく，それらの義務を超えた社会に対するある種の責任があることを強調した。

このような状況をふまえつつ Epstein（1989）は，1965年から1975年までの10年間が企業の社会的責任の概念にとって重要な時期であったとした。Epstein によれば，この時期，学界および経営者たちの中である種の合意が形成された。その合意とは，企業とその経営者が真に社会的な責任を果たさなければならないということであった。そして，この合意の具体的な内容は経済開発委員会（CED）の1971年発行の報告書（*Social Responsibilities of Business Corporations*：『企業の社会的責任』）において示される（Epstein, 1989；中村，1995）。

Epstein が取り上げた CED の報告書の中で，CED は社会的責任を「3つの同心円」からなるものとして示した（図表3-2）。内側の円は，経済的機能の効率的遂行に対する明確で基本的な責任であり，生産，雇用，経済成長がこれに相当する。中間の円は，社会的価値および優先事項の変化を敏感に察知しながら経済的機能を遂行する責任である。具体例として，環境保護や

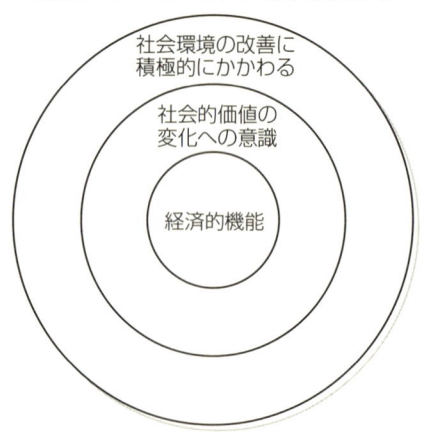

図表3-2　CEDの3つの同心円モデル

（外側の円）社会環境の改善に積極的にかかわる
（中間の円）社会的価値の変化への意識
（内側の円）経済的機能

出所：CED（1972），pp.9-18を基に作成。

雇用条件，従業員との関係，製品の安全性などに配慮することがあげられる。外側の円は，社会環境の改善に対して積極的かつ広範にかかわるという責任である。貧困や都市の荒廃などといった主要な社会的問題の解決に企業が関与することを意味する（CED, 1972）。

こうした同心円アプローチは，Davis & Blomstrom（1975）でも採用された。それによれば，内側の円は，基本的な経済的機能を遂行するという伝統的な責任である。中間の円は，基本的な経済的機能を遂行することにより直接的に引き起こされる責任であり，雇用機会均等や公害防止などがこれにあたる。外側の円は，一般的な社会問題の解決へ向けての支援という責任である。また，Steiner（1975）でも同様な考え方に基づく社会的責任のモデルが提示された。

Hay, et al.（1976）は，企業に求められる社会的責任の内容を歴史的な観点から3段階に分類した上で，今日の企業には経済的機能の遂行だけではなく，より広い第3段階レベルの責任が課せられるようになってきているとした。そして，社会的責任の具体的な側面として，公害問題，貧困，人種差別，消費者問題などの社会的な問題に対して企業がかかわる必要があることを示した。

企業の社会的責任論におけるこうした理論上の展開をふまえ，Carroll は1979年に社会的責任の「4パート・モデル」を提唱した（Carroll, 1979;

図表3-3　企業の社会的責任の4パート・モデル

| 社会貢献的責任 よき企業市民であれ |
| 倫理的責任 倫理的であれ |
| 法的責任 法に従え |
| 経済的責任 利益を獲得せよ |

出所：Carroll & Buchholtz（2009），p.45。

Carroll & Buchholtz, 2009)。それは，経済的責任を最下層とし，法的責任，倫理的責任，社会貢献的責任という順に階層化したピラミッド型の構造からなるモデルである（図表3-3）。以下，Carrollの議論を少し詳しく述べていく。

　4パート・モデルにおける第1のカテゴリーは，経済的責任である。企業は何よりもまず経済的制度たることを求められる。したがって，企業には社会の求める財・サービスを適切な価格で提供し，利益を獲得する責任がある。

　第2は，法的責任である。社会は法律や規制を制定し，その範囲内で企業が業務を遂行することを期待する。それゆえに，法に従うということは，社会に対する企業の責任になる。

　第3は，倫理的責任である。倫理的責任とは，企業が，成文化されてはいないが社会のメンバーによって期待されている活動を行ったり，あるいは逆に禁止されている活動を行わないようにするという責任である。一般に，倫理や価値の変化は法律の制定よりも先行するものである。消費者運動が後の法律制定を促したことはその典型例であろう。したがって，倫理的責任とは，社会の求めている新たな価値や規範を，企業が受け入れ，反映することと理解できる。

　第4は，社会貢献的（philanthropic）責任である。具体的には企業フィランソロピーに取り組むこととなる。Carrollによれば，この責任は純粋に自発的であり，社会的活動に関与しようという企業の欲求から導かれるものである。つまり，社会貢献的責任は道徳的，倫理的な意味において典型的に期待されるものではない。例えば，地域社会は企業に対して様々な支援を期待するが，仮に企業が望まれたレベルの支援をしなかったとしても，そのことでその企業が非倫理的であるとは見なされないだろう。したがって，社会貢献的責任は，そのことに対する社会的な期待は存在するにしても，それに応えるかどうかは企業の裁量に依存しているという点に特徴がある。

　Carrollは，ここでいう経済的責任，法的責任，倫理的責任，社会貢献的責任は段階的に達成するものではなく，同時に達成することが求められるも

のだとする。そして，これら4つの責任を同時に達成することこそが，企業の社会的責任を果たすことだととらえるのである。

以上の企業の社会的責任論の展開をふまえた上で，ここでは次のようなことを指摘しておこう。

第1に，企業の社会的責任論は現実に生じた社会と企業の変化と密接に関連しつつ展開してきたが，理論自体の性格が規範的であることから，企業の社会的責任概念の意味内容が現実の「変化」や「合意」よりも先行する場合が多い。そのこと自体が現実の「変化」や「合意」を促す可能性を有するが，他方で，概念上の混乱や対立を生みだすことになる。

第2に，Carrollの定義における経済的責任や法的責任を超える部分に企業が応えることの是非をめぐる論議は，Epstein（1989）が指摘したように，1970年代半ばまでに，一応の決着を見たといってよい。その時点までには，いわゆる企業の社会的責任に企業が応えることについての一定の理解が得られたということになる。

第3に，企業の社会的責任概念の意味内容の大きな枠組みは，Carrollの「4パート・モデル」をもって，一応「完成」したと見なせる。このモデルは，企業が法的責任にかかわるソーシャルイシュー，倫理的責任にかかわるソーシャルイシュー，社会貢献的責任にかかわるソーシャルイシューに対応すべきであることを示したものだと理解することも可能である。このように理解した場合，Carrollの「4パート・モデル」によって，企業が対応すべきソーシャルイシューの領域が明確化されたと見ることができる。

ところで，ソーシャルイシューに対応することが企業の社会的責任を果たすことであるならば，企業が社会的責任を果たすためには，いかにしてソーシャルイシューに対応していくのかということが次に重要となってくる。したがって，「企業と社会」論の研究領域では，1970年代半ば以降，どのようにして企業はソーシャルイシューに対応していけばよいのかというテーマに関心が移っていくことになる。

4．企業の社会的応答性論

1970年代になると「企業と社会」論に関する研究分野では，社会的責任論の展開と並行して，いくつかの新しい概念が登場してくる。その1つが企業の「社会的応答性」(social responsiveness) の概念である。

1970年代の初め，ハーバード・ビジネス・スクールは企業の社会的責任についてのプロジェクトに着手した。そのプロジェクトの重要な成果は「企業の社会的応答性論」を構築したことであった（Freeman, 1984）。

プロジェクトの主要メンバーの Ackerman & Bauer は，1976年に企業のかかわるソーシャルイシューに焦点を当てた，*Corporate Social Responsiveness*（邦訳：『企業の社会的応答性』）を出版した。

Ackerman & Bauer (1976) では，社会の劇的な変化に伴って，企業が世論や立法・行政活動からの圧力のもと，財・サービスの提供という伝統的役割を超えたイシューにも対応することが求められているとされる。さらに，企業が対応すべきイシューは多数あり，その数や種類が拡大し続けているということが指摘される。

Ackerman & Bauer は，企業の社会的責任論では「成果」(performance) の達成という側面より，「動機付け」(motivation) の側面が重視されており，具体的に何をどのように実行すればよいかについてのガイドラインがほとんど提示されていないことを指摘する。社会的責任を果たすためには，何をすべきかを決定するだけでなく，決定したことを実行するという重要な経営上のタスク (task) がある。したがって，倫理的な価値判断を回避し，迅速にソーシャルイシューに対応するための新しい概念として「社会的応答性」を提示したのである（Ackerman & Bauer, 1976；中村, 1995）。

では，Ackerman & Bauer (1976) は社会的応答性という概念のもと，具体的にどのような議論を展開しているのであろうか。

一般に，多くのソーシャルイシューは，当初，考慮されていないことが多

い。そのようなソーシャルイシューが社会に認識されるようになると，最終的には立法への要求が高まる。その結果，そのソーシャルイシューに対応することは企業活動の「新しい標準」（standards）となる。Ackerman & Bauer はこのプロセスを「ソーシャルイシューのライフサイクル」[8]と呼んでいる（Ackerman & Bauer, 1976）。

　企業の社会的応答性論の第1のポイントは，ライフサイクルの初期の段階でソーシャルイシューに対応することの重要性である。企業に対するある種の要請が拡大する，もしくはそれが拡大しつつあることを前提にするならば，新たに発生する様々なソーシャルイシューに先行的に対応することは企業にとって有益だからである（Ackerman & Bauer, 1976）。いずれ対応せざるを得ないイシューであるならば，早期に対応した方が利益を得られるという発想である。

　しかし，同時に，ライフサイクルの初期の段階にあるソーシャルイシューへの対応が大きな不確実性をもたらすことが指摘される。その不確実性の発生原因は次の2つである。第1はイシューの性質である。ライフサイクルの初期には，そのイシューが重要なものであるか否かといったことや，急激に拡大するものであるか否かといったことはわからないことが多い。第2に，ある特定のイシューが生起した段階では，そのイシューへの対応手段は知られていないということである。けれども，このような不確実性が逆に自由裁量を生み出すことにもなる。初期の段階での対応は，経営者に不確実な状況下での活動に伴う負担を負わせるかわりに，意思決定の際の裁量の幅をあたえる。また，そのことにより，ある種の利益やコスト削減が生まれる可能性もある（Ackerman & Bauer, 1976）。

　第2のポイントは，ソーシャルイシューへの対応を企業戦略の中に組み込むことである。これは，企業の目的達成の可能性が高まるという理由による。また，ソーシャルイシューへの早期対応は企業に対して負担を課すことにな

8）　詳しくは第4章で論ずる。

るので，その負担も戦略的に考慮する必要があるという理由からでもある。ソーシャルイシューへの早期対応は，直接的な費用だけでなく，既存のイシューへの対応が不十分になるという意味での費用をも伴う。また，ソーシャルイシューへの早期対応という意思決定は，効果的な対応を可能にする技術の有無，あるいは，そうした技術を獲得する際の容易さに影響される。それゆえ，戦略的考察を行う際には，意思決定者が次のような事柄に関連するデータを収集し，綿密な分析を行う必要がある。すなわち，ソーシャルイシューの発展可能性の予測，業務に与えるインパクトの評価，企業が戦略的な利益を得られるかどうかについての決定，直面するソーシャルイシューの理解とその克服にかかる費用である[9]（Ackerman & Bauer, 1976）。

のちに，Frederick（1994）は，この社会的応答性という概念が社会的圧力に応答する企業の能力にかかわるものであるということを明示している。また，Epstein（1989）は，社会的応答性とは急速に変化し増大する社会的要請を企業がどのように予測し，それに対応すべきなのかということに焦点を当てた概念であるとした上で，その構想のもとでの議論の特徴をまとめている。それによれば，企業の社会的応答性は，社会的圧力に組織が対処できるようにするための，組織内部におけるメカニズム，手順，取り決め，行動パターンを探求することに関係がある。したがって，予測的な対応は「ソーシャルイシュー・マネジメント」「環境スキャニング」「社会監査・会計」「企業行動規則」などのメカニズムを通じて実現されるということになる。

これは，イシューマネジメントを目的としたPDCAサイクルを企業内に導入・確立すべきだとの主張である。こうしたPDCAサイクルはイシュー・マネジメントサイクルとよばれる。イシュー・マネジメントサイクルのもとでは，ある特定のソーシャルイシューに企業が対応すべきか否かは倫理的価値判断によらず，基本的には企業に与えるインパクトに求められる。した

---

9) どうすれば企業は社会の変化に伴って増大する様々な圧力を事前に予測し，それに適切に対応することができるのかというAckerman & Bauerの問題意識は，本質的にFreemanのステイクホルダー理論における問題意識と共通する。

がって，企業の社会的応答性論においては，イシュー・マネジメントサイクルに基づいてソーシャルイシューに対応することで，企業は効果的かつ迅速に社会的責任を果たすことが可能になるという主張が展開される[10]。

以上より，企業の社会的応答性論では，ソーシャルイシューへの早期対応と，そのためのイシュー・マネジメントサイクルの構築が強調され，提案されてきたことが明らかになった。

5．企業倫理論

（1） 企業倫理論の台頭

企業活動の道徳性ないしは社会的影響についての問題は，経営学のみが取り上げてきたわけではない。経営学における社会的責任や社会的応答性をめぐる議論の活発化と並行して，倫理学の領域においても応用倫理学の一領域として企業倫理の研究が行われてきた。

中村（2003）によれば，そうした企業倫理学（business ethics）は，企業活動にかかわる具体的な問題に対する考察ないし判断に際して，道徳哲学もしくは倫理学の理論や分析方法を適用しようとするものであり，すでに見た1960年代から1970年代にかけての企業のあり方をめぐる社会的な動向と「生命倫理学」などといった応用倫理学の隣接諸分野の発展による刺激とを受けて研究が進展し，1980年には経営倫理学会が発足するまでにいたった。

この応用倫理学の一分野としての企業倫理学と経営学における「企業と社会」論は，次第に研究上の交流ないし融合を強めることになる。このような動向は両者の扱うテーマの共通性という点からもたらされているともいえるが，中村（2003）は，両者の理論的性格に見られる相互補完性という面も大きいということを指摘している。こうしたことから，「企業と社会」論において企業倫理論という研究領域が確立することになる。

10）詳細については，第4章で説明する。

Frederick（1986）は，企業の社会的応答性論が企業の社会的責任論のある種の哲学的な様相を回避し，いわば「価値中立」的な立場からのソーシャルイシューへの効果的な応答に専念しようとした議論であることを指摘しているが，このような観点に立ったとき，いくつかの学問上の問題点が浮かびあがる。

　第1に，Carroll（1979）にしたがえば，企業の社会的責任とは，ある時点での社会によって企業にかけられた経済的・法的・倫理的・社会貢献的期待を包摂するものである。そうした主張の意味するところを社会の求めに応ずることだと理解すれば，一方で問題になるのは，社会的応答性論で見たように，どうすれば企業は社会の変化に伴って増大する多様なソーシャルイシューを事前に予測し，それに適切に対応することができるのかということになる。しかし，企業が社会からの要請に応えることを前提にするならば，限りある経営資源のもとで相互に対立する可能性のある多様なソーシャルイシューにどう対応すべきなのかという問題も生ずる。言い換えれば，ある特定のソーシャルイシューに応えるということは，その他のソーシャルイシューを無視したり，社会のいずれかの部分に何らかの損害を与えたりする可能性を秘めているということになる。ここに，意思決定に際しての倫理的判断の必要性を見いだすことができる。

　第2に，社会的応答性という考え方に基づき，ソーシャルイシューに対して先行的な対応を試みるとしても，前述のように，そこで対応すべきソーシャルイシューは基本的には企業活動に対してインパクトがあるかどうかで選択される。したがって，企業活動に対してインパクトがないと判断されたソーシャルイシューは，そこに倫理的な問題が存在したとしても結果として無視されることになる。そもそも企業の構成員もまた社会を構成する一員であることから，社会全体に共有されているような価値観や倫理感から切り離されて存在することはできない。したがって，そうした企業の対応を社会が批判する可能性があるだけでなく，企業の構成員自身の倫理感とそうした意思決定とが相克する可能性もある。このように考えれば，現実的に見て社会

的応答性という考え方に基づき意思決定を行おうとする際にも，倫理的な判断を避けて通ることはできないことがわかる。

最後に，もしも企業が意思決定の際に最低限のレベルである法令を遵守するという姿勢を貫くにしても，そもそも法律の条文は全ての判断基準を提供するものではないため，結局のところ何らかの倫理的な判断は必要になる。例えば，「公序良俗に反しない限り」というような条文をどのように解釈すべきかということは，まさに倫理的価値判断の領域にかかわる問題になるからである。また，社会のルールの全てが法制化されているわけではない。むしろ，現実の世界ではその一部が法制化されているに過ぎない。したがって，法律に定められていない領域についても，当然のことながら判断を求められる場合がありうる。

以上のような点から，「企業と社会」論はその学問的発展の過程で，企業倫理論という倫理的な価値判断を専ら取り扱う学問領域への学問的接近を強めるざるを得なかったとみることができる。このことに関連してFrederick (1986) も，社会的応答性論のもたらした学問的，経営実践的成果に対して一定の評価を与えつつも，そこには「倫理的価値判断」の問題が依然として残るとして，「企業の社会的公正」(corporate social rectitude)，すなわち，「企業倫理」の重要性を説いている[11]。

このように，倫理学の考え方が「企業と社会」論に取り込まれたのであるが，企業倫理論では，善悪の価値判断の基礎となる規範倫理学における倫理原則を紹介したのち，そうした倫理原則を個別事例にあてはめるというスタイルがとられることが多い。規範倫理学は大きくいえば，帰結主義と非帰結主義にわけられる。帰結主義とは，行為の道徳的価値をその行為がもたらす結果の善し悪しで判断するという立場である。功利主義がその典型である。他方，非帰結主義とは，道徳的価値を行為そのもののあり方に求めるという立場である。義務論がその典型である（梅津，1997；岩田，2006）。企業倫

---

11) 企業の社会的応答性論が，あまりにも価値中立的性格ないしは管理論志向を有していたがゆえに，「企業と社会」論は企業倫理論に接近したとみることができる。

理論では，こうした考え方に基づき，個々の事例が検討される[12]。

　功利主義は，「最大多数の最大幸福」を目指すものとして知られているが，このような考え方は，一般に，費用・便益分析の形で用いられ，企業経営における意思決定の際にもしばしば利用される。しかしながら，最大多数の最大幸福を是とする立場をとると，必然的に少数者の権利を軽視する結果となる。「企業と社会」論が，ステイクホルダーの権利を侵害することに対する社会的な批判から展開してきたことを前提とするならば，功利主義の立場にのみ立つことはできない。したがって，企業倫理論では，より積極的に非帰結主義の見解に立つ傾向が見られる[13]。

　そこで，特に注目されるのが，Kantが唱えた「義務論」である。Kantは，行為の正－不正は行為の結果ではなく行為者の意図と動機によって決まると考えていた。その上で，全ての人が無条件でしたがうべき普遍性をもった道徳法則，すなわち，いつでも，どこでも，誰にでも妥当し，かつ客観的な性格をもった法則に基づき行動することを求めた。これが普遍化可能性の原則とよばれるものである。さらに，他人を手段としてのみ利用してはいけないという意味内容の人間性の原則も提示した（梅津，2002）。こうした義務論の主張をステイクホルダーの権利を考える際に援用しようというわけである。

（2）　ステイクホルダー概念との融合

　企業倫理論はステイクホルダー概念と結びついて，大いに発展を遂げた。より具体的にいえば，義務論とステイクホルダー概念の融合である。そうした融合は，先に述べた理由によるところが大きい。

　そもそも，ステイクホルダーという言葉が経営学の文献に初めて現れたの

---

12) 功利主義，義務論などの詳細ならびに適用については，Stewart（1996）を参照のこと。
13) 企業倫理論の展開の詳細については，Trevino & Weaver（1994），Weaver & Trevino（1994），村田（2011）を参照のこと。

は，1963年のスタンフォード研究所（SRI）の内部メモであったとされる。SRIは，経営者が対応する必要のあるグループを株主（stockholder）以外へ拡張するために「ステイクホルダー」（stakeholder）を導入した。企業がそういったステイクホルダーの要求や関心を理解しない限り，存続に必要な支援を得られないという理由による。したがって，ステイクホルダーの概念は「その支援なしには組織が存続できないグループ」（Freeman, 1984, pp.31-32）と定義され，具体的には株主，従業員，顧客，供給業者，債権者，社会が想定されていた。

その後，前述のような1960年代から1970年代にかけての社会の変化に対応する形で，このステイクホルダーの概念に大きな展開が見られた。その展開とはステイクホルダーの範囲をこれまでステイクホルダーとみなされなかった個人やグループにまで拡張したことである。

Dill（1975）は，企業の環境が拡大・変化し，同時にその環境の変化が激しくなるにしたがい，これまで企業を経営する上で考慮されていなかった人々が，企業の意思決定に「干渉」するようになってきたことを指摘し，伝統的なステイクホルダー概念の限界を主張した。また，社会的責任論の多くの文献においても，ステイクホルダーの概念を企業に対して敵対的な関係にあるような，それまでステイクホルダーとみなされなかったグループにもあてはめるようになった。とりわけ，社会的責任論は，株主（所有者）にあまり重点を置かず，公衆や地域社会，従業員に比較的重点を置くところに特徴がある（Freeman, 1984）。

つまり，Dillがこのような論文を発表するまで，あるいは社会的責任への関心が高まるまでは，ステイクホルダーは非敵対的，もしくは敵対的であるにしても労働者と経営者との間の交渉程度のものと仮定されていたのである。

こうした状況をうけ，ステイクホルダー概念を拡張したのがFreeman（1984）である。その拡張されたステイクホルダーの定義とは次のようなものである。すなわち「ステイクホルダーとは組織目的を達成するための企業活動に影響を与える可能性のある，もしくはそのような企業活動によって影

響を受ける可能性のある個人ないしグループ」（Freeman, 1984, p.25）である。

　こうしたステイクホルダー概念は，企業が社会を切り取るための「道具」として有効であった。どのような主体がどのようなソーシャルイシューとかかわるのか，そうした主体の行動が企業活動にどう影響を与えるのか，そして，そうした主体に対して，企業はどのような責任を負うのかという点がステイクホルダー概念を用いることによって明確になるからである（谷口, 2001；高岡・谷口, 2003）。

　実際に，「企業と社会」論，あるいは企業倫理論のテキストでは，ステイクホルダーごとに章を設定し，その中で当該ステイクホルダーにかかわるソーシャルイシューを取り扱う場合が多い（Stewart, 1996; Velasquez, 2002; Carroll & Buchholtz, 2009; Lawrence & Weber, 2011）。

　その上で，Evan & Freeman（1988）は，経営者がステイクホルダーを企業の利潤追求のための手段として扱うことを否定する。そして，ステイクホルダーのもつ固有の価値を尊重した経営を行うことを主張する。これは，まさに，義務論の考え方に他ならない。

　また，Goodpaster（1991）は，倫理的な企業経営とは意思決定の過程で，株主だけでなくステイクホルダー全般に対しても配慮するような経営であるとする。そして，「多面的受託型ステイクホルダー統合」（multi-fiduciary stakeholder synthesis）と「新・ステイクホルダー統合」（new stakeholder synthesis）という2つの理論上の立場が存在することを示している[14]。前者は，経営者はあらゆるステイクホルダーとの間で受託関係を有するという立場をとる。後者は，経営者は株主との間で受託関係を有するが，同時に，第三者との間で受託関係とは異なる道徳的に重要な関係を有するという立場をとる。

14）これら以外に「戦略的ステイクホルダー統合」が示されるが，これはステイクホルダーに対する倫理的な配慮を欠くものだとされるため，ここでは扱わない。詳しくは，Goodpaster（1991）を参照のこと。

図表3-4 ステイクホルダーモデルの二重性

	企業論的用途	管理論的用途
照射対象	関係観の修正による企業目的・役割 →企業像の規定	企業環境の認識 →応答の仕方
視点	システム中心主義	企業中心主義
対比軸	株主モデル	タスク環境
「企業と社会」論との関連	企業はステイクホルダーに配慮した経営を行う必要がある、ということを結論として提起	企業が存続するためにはステイクホルダーに配慮する必要がある、ということを前提としてマネジメント論を展開

出所：高岡・谷口（2003），p.18を一部改変。

ところで，高岡・谷口（2003）は，ステイクホルダーモデルには企業論的用途と管理論的用途があることを指摘している。

企業論的用途におけるステイクホルダーモデルは，伝統的企業観である株主モデルに代わる企業観として構想される。そこでは，企業目的として，株主利益や経営者効用の極大化ではなく，正当な利害をもったステイクホルダーという主体の満足を最大化しようとする企業観が示される。そして，ステイクホルダーの正当な利害の「保有者」（holder）という側面に焦点があてられる。企業倫理論の議論は，まさにこれに該当する。

他方，管理論的用途におけるステイクホルダーモデルは，企業が対応すべき環境構成要素を特定するために援用される。そこでは，ステイクホルダーのもつ「利害」（stake）の企業活動へのインパクトに焦点があてられる。企業の社会的応答性論の基本的な発想が，これにあたる。これらを整理したものが図表3-4になる。

6．小　括

以上の「企業と社会」論における3つの理論，すなわち社会的責任論，社

図表 3-5　「企業と社会」論における 3 つの理論の特徴

	社会的責任論	社会的応答性論	企業倫理論
中心的課題	何をすべきなのか	どう対応するのか	なぜすべきなのか
代表的研究	Carroll（1979）	Ackerman & Bauer（1976）	Frederick（1986） Stewart（1996）
実践的含意	社会的責任の範疇の明確化	マネジメントシステムの提示	判断基準の提供
限界	社会的責任を果たすための方策が示されない	倫理的判断によらないため，非倫理的行動に陥る可能性がある	管理論的性格が希薄で，実践性が弱い
イシューとの関係	イシューのカテゴリーを整理	イシューマネジメントの提唱	イシュー対応への理論的根拠の提供

会的応答性論，企業倫理論の特徴を整理すると図表 3-5 のようになる[15]。

　企業の社会的責任論は様々なソーシャルイシューへの対応が企業の社会的責任の範疇に取り込まれてきた過程を取り扱ったものとみることができる。企業の社会的責任論の理論的発展によって企業が対応すべきソーシャルイシューのカテゴリーが明らかになった。しかしながら，企業の社会的責任論においては，企業が社会的責任を果たすための具体的な方策が提示されていないという限界も存在した。

---

[15]「企業と社会」論の学問的な発展の中で，企業の社会的責任，企業の社会的応答性，企業倫理という 3 つの中核的な概念が提出されてきたわけではあるが，これら 3 つの概念は，一部，概念上の重複があるとはいえ，基本的にはそれぞれ固有の意味内容を持っている。

　これら 3 つの概念の関係を整理しつつ，新たな統合モデルを提起しようとする動きも見られる。Epstein は，企業組織が意思決定過程の内部に価値的な考慮を制度化しようとする際に有用性を持つようなモデルが必要であるとし，これら 3 つの概念の中核要素を統合したモデルである「企業の社会的政策過程（corporate social policy process）」を提唱する。Carroll は 3 次元からなる CSP モデル（corporate social performance model）を構築している。なお，Carroll の CSP モデルは Wartick & Cochran および Wood によって拡張され，さらに Wood の CSP モデルは Swanson によって再構築されている。

　詳しくは，Epstein（1987），Carroll（1979），Wartick & Cochran（1985），Wood（1991），Swanson（1995）を参照のこと。

企業の社会的応答性論は企業の社会的責任論では論じられなかったソーシャルイシューへの具体的な対応に焦点をあてた。企業がソーシャルイシューを早期に発見し早期に対応するためのメカニズム，すなわちソーシャルイシュー・マネジメントというマネジメントシステムを提示した。そうしたマネジメントシステムにおいては，ソーシャルイシューに企業が対応すべきか否かについては倫理的価値判断によらず，基本的には企業に与えるインパクトに求められた。それゆえに，そこには企業行動が非倫理的になってしまう可能性が存在した。

　企業倫理論は企業の社会的応答性論が過度に価値中立的であったことに対する反省をふまえ，ステイクホルダー概念との融合によって，企業が特定のソーシャルイシューに対応すべきか否かを判断するための価値基準を提供した。

　しかしながら，同時に，企業倫理論の管理論的性格の希薄さという限界も浮き彫りになった。それは企業倫理論が企業の社会的応答性論への反省，すなわち管理論的性格の否定から発展してきたことに鑑みれば，当然の帰結であるともいえる。だが，それゆえに，企業倫理論は，経営者に対してステイクホルダーに配慮した意思決定を行うべきであるということ以上の含意を提示できていないのである（高岡・谷口，2003）。

　このような企業倫理論の結論を前提にすると，不祥事を引き起こした企業ないし経営者は，当然配慮すべきステイクホルダーの利害に配慮しなかった，あるいは当然考慮すべきソーシャルイシューを考慮しなかったということになる。経営者の認識不足が問題だという主張である。そして，そうした認識不足を生み出す原因は株主利益や経営者効用の極大化という意思決定の前提[16]に求められることになる。したがって，不祥事防止のためには，経営者ならびに従業員の倫理感を高めることが重要になってくる。換言すれば，経営者や従業員の倫理感が高ければ不祥事は発生しないということになる。

---

16) 一般には「利益優先主義」といわれる。

しかし，果たして経営者や従業員の倫理感を高めるだけで企業不祥事は防止できるのだろうか。

　他方，企業倫理論が基礎におくステイクホルダーを切り口にした分析方法でも，不祥事を十分に防止できない可能性がある。企業不祥事は，企業によるソーシャルイシューへの対応の失敗である。したがって，不祥事を防止するためには，ソーシャルイシューへの対応についての検討が必要になってくる。そうであれば，むしろソーシャルイシューを切り口にした分析の方がより有効性が高い可能性がある。

　ここに，管理論的性格を有し，かつソーシャルイシューを分析単位とする企業の社会的応答性論の可能性を見出すことができる。次章では企業の社会的応答性論の実践型であるソーシャルイシュー・マネジメント論を取り上げ，その問題点と可能性について検討する。

第4章

ソーシャルイシュー・マネジメント論の展開と構図

1. はじめに

　企業の社会的責任の代表的な定義に「企業が社会からの様々な期待や要請に応えること」というものがある（Carroll & Buchholtz, 2009）。この定義にしたがえば，企業は社会的責任を遂行するために社会からの様々な期待・要請に対応する必要がある。

　こうした企業に対する社会からの期待をソーシャルイシューという形でとらえ，それらにどう対応するのかという問題を扱う研究は，前章で扱った企業の社会的応答性論と呼ばれるものであり，具体的にはソーシャルイシュー・マネジメント論として展開してきた。ここでいうソーシャルイシュー・マネジメントとは，「企業がソーシャルイシューを認識・分析し，政策を策定・実行し，その結果を評価・監視する一連のプロセス」のことである。こうしたソーシャルイシュー・マネジメント論は，1970年代のAckerman & Bauer（1976）を嚆矢とし，1980年前後からSethi（1979），Ansoff（1980），Bartha（1982），Johnson（1983），Chase（1984），Wartick & Rude（1986）などに代表される研究によって展開してきた。

　しかしながら，ソーシャルイシュー・マネジメント論の研究成果が蓄積する一方で，現実の社会においては企業不祥事が繰り返されるなど，必ずしも企業によるソーシャルイシューへの対応が適切に行われていないケースが散

見される。

　そこで，本章では，従来のソーシャルイシュー・マネジメント論の検討を通して，ソーシャルイシュー・マネジメント論の展開と構図について明らかにしていく。

　以下，次節でソーシャルイシューの概念を説明した後，第3節において既存のソーシャルイシュー・マネジメント論の中心的課題であるイシュー・ライフサイクル論とイシュー・マネジメントサイクル論について概観する。そして，第4節において両者の関係性を整理・検討し，第5節において本章での議論をまとめる。最後に，第6節において補論として，個別企業内部におけるソーシャルイシューの認識プロセスについて簡単に触れる。

2．ソーシャルイシューとは

　ソーシャルイシュー[1]はソーシャルイシュー・マネジメント論において様々な観点から分類されてきた。本節では，その代表的な分類とソーシャルイシューの具体例について概観する。

　Ackerman & Bauer（1976）は1960年代中頃から1970年代中頃にかけて企業がかかわってきたソーシャルイシューを，原因と発生領域の観点から3つに分類している。それによれば，第1のカテゴリーは，企業の活動によって直接的に引き起こされたわけではないもの，あるいは仮に企業の活動によって引き起こされたとしても，むしろ社会の欠陥を反映したと理解すべき企業外部に存在するソーシャルイシューである。職業差別，貧困，麻薬，都市の荒廃などといったものが例示される。

　第2のカテゴリーは，通常の企業活動の外部への影響として表れるソーシャルイシューである。生産設備からの公害，財・サービスの質・安全性・信頼性，マーケティング活動から生じる「曖昧さ」「ごまかし」，工場閉鎖や

1）　本章では，「ソーシャルイシュー」を「イシュー」と略す場合がある。

工場新設の社会的影響などが例示される。

第3のカテゴリーは,企業内部で発生し,通常の企業活動と本質的に結びつくソーシャルイシューである。例えば雇用機会均等,職場の健康・安全,労働生活の質,産業民主主義などがそれに該当する。

Ackerman & Bauer は,当時,企業に提示された主要なソーシャルイシューの多くは通常の業務を通じて対応されなければならないものであるとし,第2のカテゴリーである通常の企業活動の外部への影響から生じるソーシャルイシューと,第3のカテゴリーである企業内部に発生し,通常の企業活動と本質的に結びつくソーシャルイシューへの対応の重要性が高まっていることを示している。

また,中村(2003)は,関係領域別にソーシャルイシューを分類し,ソー

図表4-1　関係領域別ソーシャルイシュー

関係領域	ソーシャルイシュー
競争関係	カルテル,入札談合,取引先制限,市場分割,差別対価,差別取扱,不当廉売,知的財産権侵害,企業秘密侵害,贈収賄,不正割戻など
消費者関係	有害商品,欠陥商品,虚偽・誇大広告,悪徳商法,個人情報漏洩など
投資家関係	インサイダー取引,利益供与,利益保証,損失補塡,作為的相場形成,相場操縦,粉飾決算など
従業員関係	労働災害,職業病,メンタルヘルス障害,過労死,雇用差別(国籍・人種・性別・年齢・宗教・障害者・特定疾病患者),専門職倫理侵害,プライバシー侵害,セクシャル・ハラスメントなど
地域社会関係	産業災害(火災・爆発・有害物漏洩),産業公害(排気・排水・騒音・電波・温熱),産業廃棄物不法処理,不当工場閉鎖,計画倒産など
政府関係	脱税,贈収賄,不正政治献金,報告義務違反,虚偽報告,検査妨害,捜査妨害など
国際関係	租税回避,ソーシャルダンピング,不正資金洗浄,多国籍企業の問題行動(贈収賄,劣悪労働条件,公害防止設備不備,利益送還,政治介入,文化破壊)など
地球環境関係	環境汚染,自然破壊など

出所:中村(2003),p.8を一部修正。

シャルイシューとして以下の図表4-1にあるものを提示している。具体的には，競争関係でいえば，カルテル，入札談合，贈収賄などが典型的なソーシャルイシューである。消費者関係では，有害商品，欠陥商品，虚偽・誇大広告などがこれにあたる。投資家関係でいえば，インサイダー取引，利益供与，粉飾決算，従業員関係では，労働災害，過労死，セクシャル・ハラスメント，地域社会関係では，産業災害，産業公害などがあげられる。さらに，政府関係としては，脱税，不正政治献金，報告義務違反，虚偽報告などが，国際関係としては，租税回避，ソーシャルダンピング，不正資金洗浄などが，地球環境関係では，環境汚染，自然破壊などが示される。

　ソーシャルイシュー・マネジメント論の立場からは，上記の分類に示されるこれら1つ1つのソーシャルイシューに対応することが社会の期待に応えること，さらには，社会的責任の遂行を意味することになる。

3．イシュー・ライフサイクル論とイシュー・マネジメントサイクル論

　ソーシャルイシュー・マネジメント論を展開する際に，しばしば言及される理論に，イシュー・ライフサイクル論とイシュー・マネジメントサイクル論がある。以下では，両者の概要について説明する。

（1）　イシュー・ライフサイクル論
1）　Ackerman & Bauer のイシュー・ライフサイクル論

　Ackerman & Bauer（1976）は，多くのソーシャルイシューは，初期の段階では考慮されていなかったり，無視されていたり，あるいは，そのことがイシューとなっていない場合もあることを指摘する。しかし，社会の関心が高まり，その関心が持続するならば，イシューは社会全体で広く認識されるようになり，然るべき活動が求められ，究極的には立法への要求が高まる場合もあるとする。そして，そのようなプロセスを経て，企業がそうしたイシューに対応するようになってくると，そのイシューに対応するということ

第4章 ソーシャルイシュー・マネジメント論の展開と構図

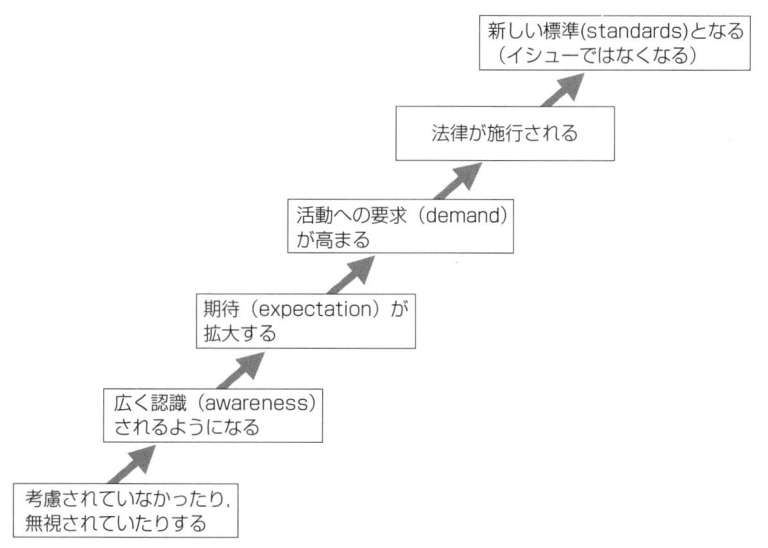

図表4-2　Ackerman & Bauer のイシュー・ライフサイクルモデル

考慮されていなかったり，無視されていたりする
→ 広く認識（awareness）されるようになる
→ 期待（expectation）が拡大する
→ 活動への要求（demand）が高まる
→ 法律が施行される
→ 新しい標準(standards)となる（イシューではなくなる）

出所：Ackerman & Bauer（1976），p.10より作成。

は「新しい標準」だと見なされるようになり，したがって，そのイシューはその時点でイシューではなくなる（図表4-2）。

　こうしたソーシャルイシューのライフサイクルを前提とした上で，Ackerman & Bauer はそのライフサイクルの初期の段階でソーシャルイシューに対応することが企業にとって重要であるということを主張している。すなわち，Ackerman & Bauer の主張は，企業に対するある種の要請が拡大する，もしくはそれが拡大しつつあることを前提に，そこから生ずる様々なソーシャルイシューに先行的に対応することを企業に求めている。

2）その他のイシュー・ライフサイクル論

　その後，このようなソーシャルイシューのライフサイクル論は，ソーシャルイシュー・マネジメント論の多くの論者によってほぼ類似する内容で取り上げられることになる（Buchholz, 1988；Wood, 1994；Carroll & Buchholtz, 2009）。そして，図表4-3のような「発生期」「展開期」「成熟期」からなるライフサイクルモデルが示される。

図表4-3　イシュー・ライフサイクル

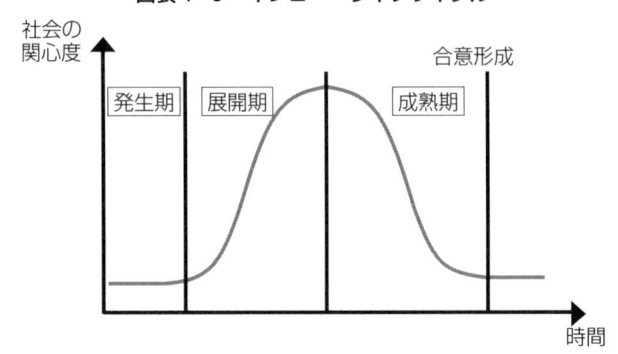

（縦軸：社会の関心度、横軸：時間、区分：発生期／展開期／成熟期、頂点付近に「合意形成」）

「発生期」は，当該ソーシャルイシューに対して社会の関心が低い段階である。通常，この段階においては，NPOや特定地域の住民などの一部のステイクホルダーのみが問題を指摘するにとどまる。

「展開期」は，社会の関心が高まりをみせる段階である。ある特定のステイクホルダーが，自らの利害・関心にかかわるイシューへの対応を企業に要請した際，この要請が他のステイクホルダーの利害・関心と一致したり，逆に利害・関心と対立したりするケースが想定できる。このとき，他のステイクホルダーも，そのイシューをめぐり賛成・反対・協調などといった具体的な行動を起こすことになる。その結果，社会の広い範囲でそのイシューの存在が認識されることになる。もちろん，他のステイクホルダーがそのようなイシューの存在を認識するにあたっては，マスメディアの影響力はかなり大きなものとなる。

「成熟期」は，社会の関心がピークを迎え終息に向かう段階である。通常，この段階において多くの企業がイシューの存在を認識し，一部の企業がそうしたイシューに対応するようになる。また，政府もそうしたイシューへの対応を法律や規制によって制度化しようとする。こうしたライフサイクルを経て，やがては，企業と社会の間でそのソーシャルイシューに対応することへの合意が形成されるということになる。この時点でイシューはイシューでなくなる。

このイシュー・ライフサイクル論において注目すべきは次の2点である。第1に，企業に対するイシューは，はじめ，社会のある部分で比較的弱いものとして発生する。第2に，そのことに対する関心が持続されれば，そのイシューはやがて社会全体の関心事となり，同時に一部の企業だけではなく多くの企業がこれに応える必要が生じるようになる。要するに，「展開期」におけるイシューのダイナミクスは，イシューが存在範囲を拡大していくプロセスと，そのイシューに対応することへの要請が強まっていくプロセスとして理解することが可能である（小山，2003）。

以上をふまえ，ソーシャルイシュー・マネジメント論ではこうしたライフサイクルの初期の段階で，当該ソーシャルイシューに対応すべきとの主張がなされることになる。

(2) イシュー・マネジメントサイクル論

他方，ソーシャルイシュー・マネジメント論においては，企業がソーシャルイシューに対応するために，イシュー・マネジメントを目的としたPDCAサイクルを企業内に導入・確立すべきだとの主張も展開される。

1) Johnsonのイシュー・マネジメントサイクル論

代表的なものとして，例えば，Johnson（1983）は，「探索・監視」「識別・優先順位付け」「分析」「意思決定」「実行」「評価」の6ステップからなるイシュー・マネジメントサイクル論を示している（図表4-4）。

「探索・監視」は，マネジメントサイクルの出発点にあたり，企業に影響を及ぼす可能性のあるイシューを識別するための調査の段階である。これは，

図表4-4　Johnsonのイシュー・マネジメントサイクル

探索・監視 ▶ 識別・優先順位付け ▶ 分析 ▶ 意思決定 ▶ 実行 ▶ 評価

出所：Johnson（1983），p.23を一部修正。

ステイクホルダーの動向に対する継続的な探索と監視からなる。スタッフ部門およびライン部門のマネジャーの通常業務に組み入れることが求められる。主要な探索・監視の対象は，公衆，マスメディア，オピニオンリーダー（学者や社会活動家など），政府が想定される。

「識別・優先順位付け」は，「探索・監視」の結果，発見された多種多様なイシューを大まかに評価し，優先付けを行う段階である。イシューに関する情報を統合し，評価するのはミドルマネジメントからなるグループである。このグループが，それぞれのイシューの比較検討を行う。一般的には，「可能性－影響度マトリクス」が用いられる。これは，各イシューをその社会問題化の可能性と自社への影響度の観点からそれぞれ「低・中・高」の３段階で評価し，位置づけるという３×３のマトリクスである。こうした分析ツールを用いて，イシューの優先順位付けが行われる。

「分析」は，第２段階の「識別・優先順位付け」をうけて行われるイシューに関する詳細な分析の段階である。ここでは，当該イシューを分析し，トップマネジメントに具体的な戦略を提言するためのタスクフォースの設置が求められる。このタスクフォースの設置はイシュー・マネジメントサイクルにおける重要なステップである。

「意思決定」は最も重要な段階だとされる。トップはタスクフォースからの提言に従い，当該イシューへの対応に関する戦略を策定する。この段階では，さらなる情報が求められる場合もある。また，この間，タスクフォースは継続的に当該イシューの発展過程に関して監視を行い，必要に応じてトップにその動向を伝達することが求められる。

「実行」は，策定された戦略をいくつかの部分に細分化し，具体的なレベルに落とし込む段階である。特定のイシューに対するプロアクティブな対応を行う際の具体的なステップとして，トップ，現場のマネジャー，経営企画部門担当者によって策定された方針の業務への組み込みに加え，広報などの渉外担当部門における企業外部のステイクホルダーとの間のコミュニケーションが指摘される。この段階においては，とりわけ，渉外担当部門におけ

る企業外部ステイクホルダーとのコミュニケーションの重要性が強調される。

「評価」は，将来のイシューへの自社の対応を効果的にするための重要な段階である。すなわち，過去のイシューへの対応を分析・評価することで，今後生起するであろうイシューへの自社の対応が効果的になるとの考えに基づく。

2) Lawrence & Weber のイシュー・マネジメントサイクル論

Lawrence & Weber（2011）も図表4-5に示すようなイシュー・マネジメントサイクル論を展開する。すなわち，イシューを認識し，そのイシューを分析して対応の優先順位付けを行い，政策を決定し，具体的なプログラムを設計し実行する。そして，実行した後は，その結果を評価するというプロセスである。

第1はイシューの「認識」の段階である。具体的には外部環境を探索することにより，発生しつつあるイシューを発見することを指す。マスメディアの動向や，専門家の見解，規制の動向などを注意深く観察することが求められる。重要なステイクホルダーとの継続的な対話も有力な手法である。こうして当該企業に関係するイシューが認識されることになる。

第2はイシューの「分析」の段階である。ソーシャルイシューが識別され

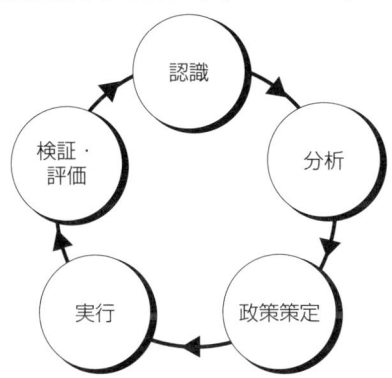

図表4-5　Lawrence & Weber のイシュー・マネジメントサイクル

出所：Lawrence & Weber（2011），p.32。

ると，次はその含意についての分析が必要になる。イシューの発展可能性の予測，自社にあたえる可能性がある影響の評価についての詳細な分析がなされ，対応すべきイシューの優先順位付けがなされる。

　第3は当該イシューに対する「政策策定」の段階である。イシューの重要度が特定されると，自社の対応策についての検討がなされることになる。そして，自社が戦略的な利益を得られるかどうかについての決定，直面するイシューへの対応にかかる費用の検討，自社の価値理念との整合性についての検討などを通じて，イシューへの対応政策が策定される。

　第4は当該イシューに対応するための具体的な「実行」の段階である。イシューに対応するための具体的かつ詳細なプログラムが設計され，実行に移される。

　第5は特定の政策を採用した結果について「検証・評価」する段階である。当該の政策を策定した結果，自社ならびに社会に対してどのような影響が生じたのかについての検証・評価がなされ，必要な場合には，イシューを改めて認識し直し，適切な対応政策を策定する必要が生まれる。こうした作業は継続的に行われることが重要だとされる。

　以上みたように，ソーシャルイシュー・マネジメント論においては，このようなイシュー・マネジメントサイクルの構築が効果的なイシューマネジメントのシステムの要諦をなすとの指摘がなされる。

4．争点としてのイシューと課題事項としてのイシュー

（1）　分析レベルによる整理

　これまで概観してきたソーシャルイシュー・マネジメント論については次のように整理できる。

　第1に，ソーシャルイシューのライフサイクルを前提とした議論では，企業が未知のソーシャルイシューを早い段階で認識し，それに迅速に対応するという構図が描かれる。この背景には，企業は，遅かれ早かれ現実の企業行

第4章　ソーシャルイシュー・マネジメント論の展開と構図

動と社会の期待する企業行動とを合致させなければならないので，そうであるならば，社会的要請に先行対応した方がより利益を生むという前提がある。

　第2に，ソーシャルイシューのマネジメントサイクルを前提とした議論では，個別企業におけるソーシャルイシューへの対応という構図が描かれる。ここでは，個別企業が複数のソーシャルイシューをどのようにマネジメントしていくのかという観点から議論が進められる。したがって，ライフサイクルの発生期にあたるソーシャルイシューについてはもちろんのこと，当該企業に影響をあたえる可能性があるとみなされればライフサイクル上ではすでに消滅しているソーシャルイシューもその検討対象となる。むしろ，個別企業が対応しなければならないソーシャルイシューは，ライフサイクル上ではすでに消滅している場合が大半であるため，現実には図表4-1でリストアップされたソーシャルイシューへの個別企業の対応が議論の中心になる。

　以上からわかるように，ソーシャルイシュー・マネジメント論には，実は2つの分析レベルが存在することになる。以下，それぞれについて少し詳しくみていこう。

　まず，第1の分析レベルはマクロな視点によるものであり，全ての企業と社会の関係というレベルのソーシャルイシューを分析している。つまり，「企業と社会」という分析レベルである。この分析レベルでは，特定（単一）のソーシャルイシューに焦点があてられる。また，ソーシャルイシューは，企業と社会の間で対応すべきかすべきでないのかに注目が集まる「争点」として扱われる。そして，そうした争点は社会の期待する企業行動と現実の企業行動とのギャップの存在が起点となって発生する。そこでは，イシューのライフサイクルという考え方が前提に置かれる。したがって，そのことが争点ではなくなり合意が形成されれば，最終的にはソーシャルイシューは消滅することが想定される。それゆえ，研究の焦点はイシューの発生，展開，消滅のプロセスにあてられることになる。

　第2の分析レベルは個別企業レベルのソーシャルイシューを分析している。すなわち，分析レベルは「個別企業と社会」になる。この分析レベルにおい

図表4-6　ソーシャルイシュー・マネジメント論における2つの分析レベル

	企業と社会	個別企業と社会
対象となるイシュー	企業と社会の間のイシュー	個別企業にとってのイシュー
研究の焦点	イシューの発生・展開・消滅プロセス	イシューへの具体的な対応プロセス
イシューの位置づけ	争点	課題事項
取り扱うイシュー	単独のイシュー	複数のイシュー
代表的研究	Ackerman & Bauer（1976）	Johnson（1983）

ては，イシューは主として個別企業が対応すべき「課題事項」ととらえられ，そうした課題事項は図表4-1のようなソーシャルイシューのリストとして提示されることになる。そこでは，リストアップされた複数のソーシャルイシューに対する個別企業のマネジメントサイクルによる対応が前提とされている。また，第1の分析レベルとは異なり，ソーシャルイシューは消滅することなく，質量ともに拡大していくことになる。社会の関心度が低下したからといって，個別企業が取り組まなければならない課題事項は消滅しないからである。したがって，ここでの研究の焦点は個別企業におけるソーシャルイシューへの具体的な対応プロセスになる。

　以上を整理したものが図表4-6である。

（2）　2つのソーシャルイシューの関係性

　図表4-6から明らかになるように，ソーシャルイシュー・マネジメント論では，同じソーシャルイシューという言葉を用いながら，実は分析レベルによってその意味内容が異なっている。上記の分析レベルによるイシューの意味内容の違いと両者の関係をさらに詳細にみてみよう。

　「企業と社会」という分析レベルでのソーシャルイシューは，社会全体と企業全体との間での争点である。したがって，この分析レベルにおけるイシューは「争点としてのイシュー」とよぶことができる。ここでは，ソーシャルイシューのライフサイクルの存在が想定されている。このライフサイ

クルは，企業がある事柄に対応すべきか否かが争点となり，それが終息するまでの一連のプロセスである。したがって，社会全体と企業全体との間でイシューとされていた事柄に企業が取り組むことについての合意が形成されると，その時点で争点はなくなる。それゆえ，最終的には「争点としてのイシュー」は消滅することになる。

　社会と企業の間で対応すべきであるとの合意が形成された事柄については，当然のことながら個別企業も対応しなければならない。つまり，「企業と社会」という分析レベルにおける「争点としてのイシュー」が消滅すると，それは全ての企業が対応しなければならない，いわば「課題事項としてのイシュー」とみなされるようになる。「争点としてのイシュー」が合意形成を経て「課題事項としてのイシュー」になるということである。すでに述べたように，企業が取り組むべき「課題事項としてのイシュー」は消滅することなく，その数を増やし続けることになる。したがって，「個別企業と社会」という分析レベルでは，こうした性格をもつ複数の「課題事項としてのイシュー」に個別企業がどのように対応していくのかが検討されることになる。

　この2つの分析レベルにおけるイシューの意味内容の違いと両者の関係を整理したものが図表4-7である。図表4-7中の実線は社会が期待する企業行動を表し，点線は現実の企業行動を表している。図表4-7においては，

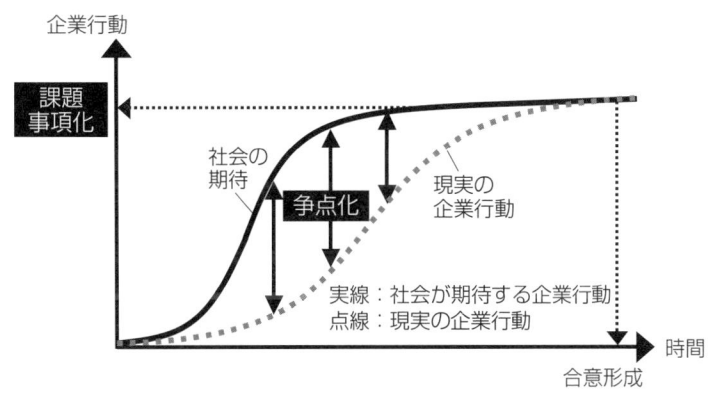

図表4-7　争点としてのイシューと課題事項としてのイシュー

社会の期待と現実の企業行動との間にギャップが発生し，それが争点となっている。実線はイシューのライフサイクルに相当しており，実線と点線のギャップ（差分）を取り出し，グラフ化したものが図表4-3になるというイメージである。

「企業と社会」という分析レベルにおいては，図表4-7中の実線と点線のギャップの部分，すなわち争点になっている部分こそがイシューとみなされる。やがて，このケースにおいては両者のギャップは収束し，争点は消滅する。そのことは争点としてのイシューに対応することは当然のことだという合意が社会と企業全体との間で形成されたことを意味する。こうして，争点としてのイシューが消滅すると，その事柄に対応することは全ての企業にとっての課題事項となる。この段階で課題事項としてのイシューが成立する。

以上より，「企業と社会」という分析レベルが注目する，図表4-7中の実線と点線のギャップの部分が「争点としてのイシュー」であり，「個別企業と社会」という分析レベルが注目する合意内容が「課題事項としてのイシュー」となる。

（3）従来のソーシャルイシュー・マネジメント論のもつ暗黙の前提

上述のように，従来のソーシャルイシュー・マネジメント論では，「企業と社会」という分析レベルでは「争点発生→争点消滅」というソーシャルイシューのライフサイクルが想定されていた。そして争点としてのイシューが発生し，やがて合意が形成され争点としてのイシューが消滅すると，自動的にそこでの合意内容が課題事項のリストに加わることになる。これを繰り返すことによって課題事項の項目は増加していく。そして，このリストアップされた課題事項としてのイシューに個別企業は対応していくことになる。その際，個別企業は「課題事項認識→政策策定→実行→評価」というソーシャルイシューのマネジメントサイクルによって課題事項に対応することになる。

ここから，従来のソーシャルイシュー・マネジメント論は，課題事項は全て個別企業によって認識されるという理解の上に成り立っていることがわか

第4章　ソーシャルイシュー・マネジメント論の展開と構図

図表4-8　ソーシャルイシュー・マネジメント論の前提

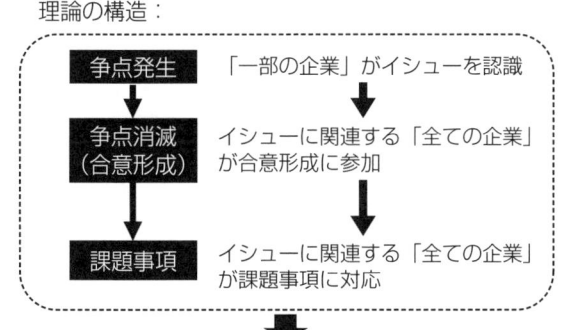

理論の構造：

```
争点発生  ──→  「一部の企業」がイシューを認識
   ↓
争点消滅         イシューに関連する「全ての企業」
(合意形成)  ──→  が合意形成に参加
   ↓
課題事項  ──→  イシューに関連する「全ての企業」
                が課題事項に対応
```

理論の前提：企業による課題事項の認識は「容易」

る。これは「争点としてのイシュー」への対応についての合意形成がなされる際，当該ソーシャルイシューに関連する全ての企業が合意形成に参加することが想定されていることによる。したがって，全ての企業が合意内容である「課題事項としてのイシュー」を認識し，それに対応することになる。課題事項は全て認識されるということが想定されているので，いわばリストアップされた課題事項が自動的に個別企業によって認識されるような状態になる。このことから，従来のソーシャルイシュー・マネジメント論には，企業にとって課題事項を認識することは容易であるという暗黙の前提が存在することが明らかになる。あるいは，そもそも従来のソーシャルイシュー・マネジメント論は，「イシューの認識」という段階を考慮していないととらえることもできる（図表4-8）。

しかしながら，こうした従来のソーシャルイシュー・マネジメント論における暗黙の前提には重大な問題がある。すなわち，ソーシャルイシュー・マネジメント論では課題事項が成立する際に全ての企業が合意形成に参加しているということが想定されていた。しかし，現実には全ての企業が合意形成に参加している訳ではない。また，課題事項の項目は増え続けるので，その全てに対応することは非常に困難である。課題事項が拡大・蓄積することを前提とするならば，そもそもその全てをリストアップすること自体が難しい。

図表 4-9　ライフサイクルとマネジメントサイクルの関係

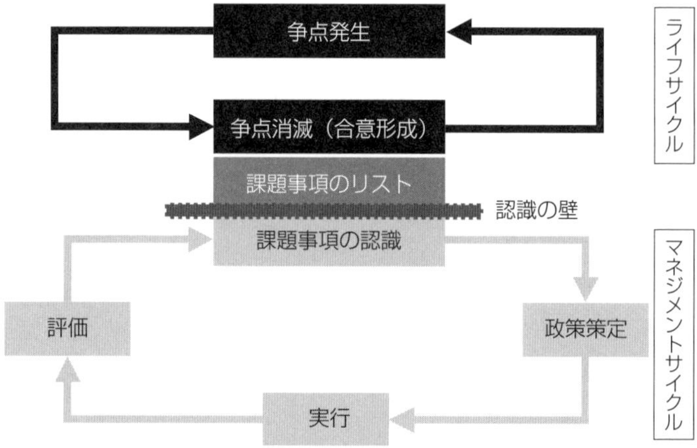

```
                    争点発生          ┐
                      ↑↓              │ ライフ
                                      │ サイクル
              争点消滅（合意形成）    ┘
                 課題事項のリスト
              ～～～～～～～～～～ 認識の壁
                 課題事項の認識      ┐
              ↗              ↘      │
         評価                  政策策定 │ マネジメント
              ↖              ↙       │ サイクル
                    実行             ┘
```

実際、図表4-1のリストでも「など」という表現がなされている。つまり、そもそも個別企業にとっては課題事項を認識することは、実は非常に難しいのではないかと考えられるのである。実際には、個別企業にとっては、イシューのライフサイクルとイシューのマネジメントサイクルをつなぐ部分に、いわば「認識の壁」が存在するのである（図表4-9）。

5．小括

本章の目的は、従来のソーシャルイシュー・マネジメント論の検討を通じて、ソーシャルイシュー・マネジメント論の展開と構図について明らかにすることであった。

そのような目的意識のもと従来のソーシャルイシュー・マネジメント論の検討を行い、ソーシャルイシュー・マネジメント論には2つの分析レベルが存在することを指摘した。

第1はマクロレベルの分析であり、全ての企業と社会の関係というレベルのソーシャルイシューを分析している。この分析レベルにおいては、ソーシャルイシューは、「争点としてのイシュー」として扱われる。第2は個別

企業レベルの分析であり，個別企業と社会ないしステイクホルダーの関係というレベルのソーシャルイシューを分析している。この分析レベルにおいては，ソーシャルイシューは「課題事項としてのイシュー」として扱われる。そして，両者の関係は「争点としてのイシュー」が消滅する（＝合意形成）と，その内容が「課題事項としてのイシュー」とみなされるようになるというものであった。

また，従来のソーシャルイシュー・マネジメント論には，課題事項は全て個別企業によって認識されるという前提があることを明らかにした。つまり，従来のソーシャルイシュー・マネジメント論は，企業にとって課題事項を認識することは容易であるとみなしている，あるいは，そもそも「イシューの認識」という段階を考慮していないのである。しかしながら，現実には，個別企業にとって，課題事項を認識することはそれほど容易ではない可能性があるということが指摘できる。

6．補論

本章では扱わなかったが，ここで補論として，個別企業内部におけるソーシャルイシューの認識プロセスに注目するという，ソーシャルイシュー・マネジメント論における第3の分析レベルについて簡単に触れておきたい。

ここでの分析レベルは特定企業の内部となる。この場合，イシューは課題事項の解釈をめぐる，いわば組織内部における「争点」である。つまり，それが課題事項であるか否かが争点になっている状態である。ここには，企業がソーシャルイシューを認識する場合，全ての企業が一様に当該ソーシャルイシューを認識するわけではなく，企業によって異なるという前提がある。そして，この認識の相違が企業ごとの対応の違いを生み出す。したがって，ここでの研究の焦点は個別企業におけるソーシャルイシューの認識プロセスとなる。具体的には組織の中における個人を最小単位とした認識構造の解明ということになる。

すでに述べたように，従来のソーシャルイシュー・マネジメント論においては，課題事項は全て認識されるということが想定されているので，いわばリストアップされた課題事項が自動的に認識されるような状態になる。

　しかしながら，本書においては，個別企業にとって課題事項を認識するのは難しいという立場をとるので，ソーシャルイシューのライフサイクルとソーシャルイシューのマネジメントサイクルをつなぐ「ソーシャルイシューの認識」の部分のメカニズムを解明することが重要になると考える。具体的には，その部分には，例えば Weick（1979）がいうような「イナクトメント→淘汰→保持」という，いわば，イナクトメントサイクルが存在する可能性がある。そして，ここで企業として課題事項が認識できてこそ，ソーシャルイシューのマネジメントサイクルが機能すると考えるのである。

　このソーシャルイシューのライフサイクル，マネジメントサイクル，イナクトメントサイクルの関係を示したものが図表4-10である[2]。

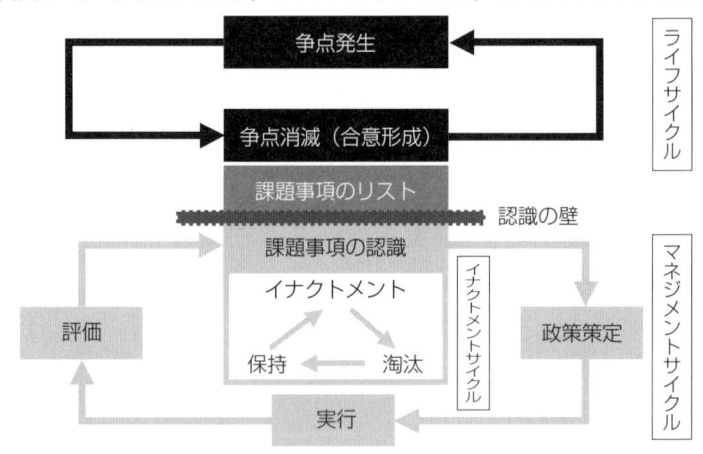

図表4-10　ライフサイクル，マネジメントサイクル，イナクトメントサイクル

---

2) 本書では，イナクトメントサイクルが存在する可能性についての提示にとどめる。イナクトメントサイクルについては，今後，さらなる検討が必要となろう。

第5章

ソーシャルイシュー・マネジメント論の課題

1．はじめに

　本章では，従来のソーシャルイシュー・マネジメント論における課題を提示した上で，その克服に向けての方向性について述べる。

　まず，次節では，従来のソーシャルイシュー・マネジメント論のもとでの企業不祥事理解のための図式を明らかにする。第3節では，そうした企業不祥事理解の問題点を示すことにより，従来のソーシャルイシュー・マネジメント論の課題を指摘する。第4節では，この課題を検討するに際して，雪印乳業集団食中毒事件と雪印食品牛肉偽装事件という事例を取り上げ，それを扱うことの意味，2つの不祥事の概要，ならびに，本書における以下の章構成について説明する。

2．企業不祥事の理解

　第3章でみたように，ソーシャルイシュー・マネジメントとは，「企業がソーシャルイシューを認識・分析し，政策を策定・実行し，その結果を評価・監視する一連のプロセス」のことである（Ackerman & Bauer, 1976；Ansoff, 1980；Mahon & Waddock, 1992）。このことを扱うソーシャルイシュー・マネジメント論では，主に，以下の2点が強調されてきた。

第1に，ソーシャルイシューへの迅速な対応の重要性である。イシューは企業にとって脅威や機会となる。したがって，早期にソーシャルイシューの存在を認識し，影響が小さいうちに迅速に対応することが強調される（Ackerman & Bauer, 1976）。第2に，企業内に「ソーシャルイシューの認識⇒対応策の立案⇒実行⇒フィードバック」という一連のイシュー・マネジメントサイクルを構築することである。場当たり的にソーシャルイシューに対応するのではなく，PDCAサイクルの形でイシュー・マネジメントのしくみを企業経営に内在化することが強調される（Johnson, 1983）。

　これら2つの課題が注目される背景には，①ソーシャルイシューへの迅速な対応の重要性を理解すれば企業はソーシャルイシューに対応する，②イシュー・マネジメントサイクルを構築しさえすれば企業にとってソーシャルイシューへの対応はそれほど困難ではない，という考え方がある。企業がソーシャルイシューに対応しないのは，それへの対応の重要性を認識していないからであり，重要性さえ理解できれば，企業によるソーシャルイシューへの対応は問題なく進むというものである。つまり，こうした議論からも明らかなように，従来のソーシャルイシュー・マネジメント論には，「企業によるソーシャルイシューの認識は容易である」という暗黙の前提が存在する。

　こうした従来のソーシャルイシュー・マネジメント論の立場から企業不祥事をとらえると，不祥事を引き起こした企業は，①ソーシャルイシューへの迅速な対応の重要性を理解しておらず，したがって，ソーシャルイシューへの対応のカギとなる，②イシュー・マネジメントサイクルを構築していなかったということになる。そして，ソーシャルイシューへの迅速な対応の重要性を理解しない理由として，企業における倫理感の低さが指摘されることになる（図表5-1）。

図表5-1　従来のソーシャルイシュー・マネジメント論による企業不祥事解釈

倫理感の低さ → ソーシャルイシューの軽視 → ソーシャルイシュー・マネジメントの軽視

第5章　ソーシャルイシュー・マネジメント論の課題

ソーシャルイシュー・マネジメント論のみならず，現実の企業不祥事の解釈においても同様の構造がみられる。実際，企業不祥事が発生した場合，しばしば当該企業に対し，「ことの重要性を理解していなかった」「わかっているのにやらなかった」等の指摘がなされることが多い[1]。

このことからも，理論においても，現実においても，企業がソーシャルイシューを認識することは容易であり，したがって，根本的な原因は「倫理観の低さ」に求められていることがわかる。

3．ソーシャルイシュー・マネジメント論の課題

上述のように，従来のソーシャルイシュー・マネジメント論における企業不祥事発生の解釈に基づくと，企業不祥事を引き起こした企業は「倫理感の低い企業」として位置づけられることになる。すなわち，倫理観が低いことが不祥事発生の原因だということになる。したがって，倫理感が高ければ企業は不祥事を防止できる，つまりはソーシャルイシューに対応できるという理解が成り立つことになる。ここから導き出される不祥事防止策が，「さらに倫理感を高めよ」というものになる。

しかし，すでに第4章で述べたように，企業がソーシャルイシューを認識することは，ソーシャルイシュー・マネジメント論が想定しているほどには容易ではない。そのことを前提にすれば，企業によるソーシャルイシュー認識の失敗が原因で発生した不祥事も存在すると考えた方が自然であろう。つまり，倫理観の低さに起因する不祥事とソーシャルイシュー認識の失敗に起因する不祥事があるということになる。このことは，仮に，ある企業が高い倫理感のもとでソーシャルイシュー・マネジメントに積極的に取り組んだと

---

[1]　例えば，2002年1月29日付の『朝日新聞』では，雪印食品牛肉偽装事件に関連して，「雪印乳業は集団食中毒事件を受けて法令順守などの社員教育をグループ挙げて徹底してきた。雪印食品の吉田升三社長も昨年6月の社長就任から，モラルの再構築を優先課題に掲げてきた。しかし，今回の事件で，消費者に"うわべを取り繕っていただけ"という印象を与えてしまった」との記事を掲載している。

しても，ソーシャルイシューの認識に失敗すれば，結果として不祥事が引き起こされてしまう可能性があることを示唆している。そうであれば，「倫理感の低さ」のみを企業不祥事の原因とする議論に終始する限り，企業不祥事はなくならないということになる。従来のソーシャルイシュー・マネジメント論の立場から，不祥事が発生するたびに「さらに倫理感を高めよ」と声高に叫ぶようなスパイラルを延々と続けることになれば，当然のことながら当該企業の従業員は疲弊するだろうし，そもそもそうした取り組み自体，生産的であるとはいえない。

そこで，以下では，こうした問題を生み出してしまう従来のソーシャルイシュー・マネジメント論の課題と，これからの展開の方向性についての若干の検討を試みる。

イシュー・ライフサイクル論とイシュー・マネジメントサイクル論が主たる対象とする研究領域を，注目するイシューの発展段階と取り扱うイシューの数によって分類したものが図表5-2である。

イシュー・ライフサイクル論では，主に発生・展開期のイシューに焦点が当てられてきた。そこでは，環境問題等の特定のイシューに対する事例分析が行われ，特定のイシューに対する企業のプロアクティブなマネジメントを

図表5-2　ソーシャルイシュー・マネジメント論の研究領域

		イシューの発展段階	
		発生・展開期	成熟期
取り扱うイシューの数	単独	〈Ⅰ〉 ・ライフサイクル論の関心領域 ・事例分析中心 ・プロアクティブな対応を可能にするマネジメント	〈Ⅲ〉 ・成熟期には合意が形成されているため対応が容易であるという前提のもと，考察されず
	複数	〈Ⅱ〉 ・発生・展開期のイシューはまれであるという前提のもと，考察されず	〈Ⅳ〉 ・マネジメントサイクル論の関心領域 ・規範理論中心 ・適切な優先順位を決定するマネジメント

第5章　ソーシャルイシュー・マネジメント論の課題

検討するという研究方法がとられている（領域Ⅰ）。しかし，発生・展開期にあるイシューはまれであるため，発生・展開期にあるイシューが複数ある場合にどのような優先順位をもって対応するかについての検討はなされていない（領域Ⅱ）。

他方，イシュー・マネジメントサイクル論では，主に成熟期のイシューに焦点が当てられてきた。イシュー・ライフサイクル論にしたがえば，成熟期のイシューへの対応については社会的な合意が形成されていることになる。したがって，成熟期の単一のイシューへの企業の対応は，比較的容易であるという前提のもと，検討されていない（領域Ⅲ）。そして，現実の企業にとって一般的だと考えられる複数のイシューへの対応に注目し，どのように自社の資源を配分するかという優先順位付けの問題として，規範理論を中心に議論がなされている（領域Ⅳ）。

このようにソーシャルイシュー・マネジメント論が注目してきた研究領域を整理すると，領域Ⅱと領域Ⅲが注目されておらず，したがって，検討がなされていないことが明らかとなる。しかしながら，注目されていない理由は両者において若干異なる。

領域Ⅱが注目されない理由は，現実においてそのようなケースはまれであるというものであり，これは現実の状況を前提としている。他方，領域Ⅲが注目されない理由は，成熟期のイシューへの対応は容易であるというものであり，これはライフサイクル論の主張を前提としている。しかしながら，成熟期に合意が形成されているという前提はライフサイクル論の前提であり，したがって，無条件にマネジメントトサイクル論の前提となる保証はない。さらに，領域Ⅱは領域Ⅰの応用となる領域であるが，領域Ⅳは領域Ⅲの議論を基盤として展開される領域である。そのように理解すると，マネジメントサイクル論では領域Ⅲを十分に検討せず，領域Ⅳの議論を展開していることが明らかになる。このように領域Ⅲを検討しないまま，領域Ⅳの議論を展開すれば，そうした議論は規範的な理論展開にとどまらざるを得ない。

したがって，本書では，不祥事を引き起こした企業は「倫理観が低い」の

ではなく,「認識困難な状況に陥っている」ととらえようというのである。

　企業は経済的活動を行うための組織であり,財やサービスの提供者である。他方,社会はその財やサービスの受益者であり,両者の立場は根本的に異なる。このため,企業と社会では,ソーシャルイシューをとらえる枠組の依拠する前提がそれぞれ異なっている可能性が存在する。このことを理解しないまま,安易にソーシャルイシューの迅速な認識とイシュー・マネジメントサイクルの構築のみを強調することは,企業がソーシャルイシューをとらえる際の困難性を矮小化してしまう恐れがある。重要なのは,ソーシャルイシュー認識の困難性を前提とした議論なのである。

　以上をふまえると,ソーシャルイシュー・マネジメントならびにソーシャルイシュー・マネジメント論の実践的な有効性を高めるためには,まずは企業におけるソーシャルイシュー認識の困難性が生じるメカニズムの検討が必要になるといえる。

4．課題検討の方向性

（1）　事例研究の採用

　事例研究とは,単一もしくは少数の複数事例を深く考察する実証研究の手法である。定量的研究に比べて,そこから導出された結論の一般性・普遍性に対する疑問が提出されることがあるが,定量的研究では明らかにすることができない,特定の事象の生成プロセスを明らかにするという点で優れている（佐藤,2002；沼上,2000）。

　したがって,前節で提示された課題である,企業におけるソーシャルイシュー認識の困難性が生じるメカニズムを明らかにするためには,事例研究という手法を採用することが必要である。実際に企業がソーシャルイシューをどのように認識しているのか,あるいは認識していないのかということは,事例研究を行うことによって明らかになるからである。

　ところで,企業によるソーシャルイシュー認識の困難性について実証的に

分析する場合，①いつ当該イシューを認識したのか，②どのように当該イシューを認識したのか，についてのデータが必要となる。しかし，両者を特定し識別することは非常に困難である[2]。

したがって，本書では，時期を明確に判断できる「自社が引き起こした不祥事をきっかけとしたソーシャルイシューの認識」に限定して議論を展開する。そして，不祥事後にとった企業の対応から，遡及的に当該企業がどのようにソーシャルイシューを認識したのかを判断する。

さて，従来のソーシャルイシュー・マネジメント論における事例研究では，ソーシャルイシューへの対応に成功した企業を取り上げることが多かった。そうした企業がどのようなメカニズムによってソーシャルイシューへの対応に成功したのかが論じられるわけである。こうした成功事例の研究では，企業におけるソーシャルイシュー認識の困難性が生じるメカニズムを明らかにすることはできない。

他方で，ソーシャルイシューへの対応に失敗した企業を取り上げる場合においても，研究そのものが表層的である場合が多い。これは失敗事例に関する調査の限界に起因している。例えば，本書でも取り上げる雪印食品牛肉偽装事件の場合，不祥事をきっかけに雪印食品という会社自体が消滅してしまっているため，詳細な調査ができない状況にある。また，企業自体が存続している場合でも，当該企業が不祥事に関するヒアリング調査に協力的なケースはまれである。このため，失敗事例に基づく研究の多くは，二次資料や報道資料に基づき行われることになる。結果として，そこから導き出される結論は不十分なものとならざるを得ない。

以上より，企業におけるソーシャルイシュー認識の困難性が生じるメカニズムを明らかにするためには，失敗事例であり，かつ詳細な調査が可能な事例についての研究が求められることになる。そこで，本書では，ヒアリング

---

2) 例えば，特定の企業が，「環境問題」というソーシャルイシューをいつ認識したのか，また，「環境問題」というイシューを認識したあとにとった行動は何かを明らかにすることは非常に困難であろう。

調査を快諾された雪印乳業がかかわった2つの不祥事の事例を用いて，企業におけるソーシャルイシュー認識の困難性について分析を行う。

（2）　雪印乳業の不祥事の概要[3]

ここで，簡単に，雪印乳業が関連した2つの不祥事について触れておこう。

2000年6月27日，雪印乳業大阪工場で製造した「低脂肪乳」等によって近畿地方で大規模な食中毒が発生した。雪印乳業集団食中毒事件である。初動の遅れもあり，以降，雪印は，製造現場での杜撰な管理体制が明らかになったことや，原因究明の遅れ，記者会見での不手際，石川哲郎社長の不用意な発言などにより社会から強く非難されることとなる。こうした動向と食中毒被害者数の拡大とが相まって雪印乳業集団食中毒事件は社会問題化した。

8月18日，雪印乳業大樹工場（北海道広尾郡大樹町）で4月10日に製造された脱脂粉乳がエンテロトキシンに汚染されていたことが明らかになった。汚染の直接的な原因は工場内で発生した突発的な停電であった。そして，大阪工場が，この汚染された脱脂粉乳を原料に用いて低脂肪乳等を製造したことによって，大規模な食中毒事件が発生したのである。

この事件での最終的な認定患者数は1万3420名にのぼり，雪印は社会的に大きな批判を受けた。雪印の商品は小売店の店頭から撤去され，売上は激減した。また，株価も急落し，事件の影響は社会の広範囲に及んだ。

雪印乳業集団食中毒事件からおよそ1年半後の2002年1月23日，西宮冷蔵の水谷洋一社長による告発をきっかけに，雪印乳業の子会社である雪印食品がオーストラリア産の輸入牛肉を国産牛肉と偽っていたことが明らかになった。輸入牛肉を国産牛肉と偽装した上で，BSE対策のために実施された国産牛肉買い取り事業による補助金を詐取しようとしたのである。

事件の発覚を受け，雪印食品は事実関係を全面的に認めた。最終的に，雪

---

[3]　雪印乳業集団食中毒事件と雪印食品牛肉偽装事件の記述は，北海道新聞取材班（2002），藤原（2002），小山・谷口（2007），神戸地判平成14・11・22　判タ1113・284に基づいている。

印食品は同年4月30日に解散するにいたった。

　子会社の不祥事は，雪印乳業にも大きな影響を与えた。小売店では，再び雪印の商品が姿を消した。この結果，雪印乳業は食中毒事件後に策定した再建計画の実施を断念し，チーズ・バターなどの乳製品事業に特化し，市乳などの事業を分離・譲渡するという事業再編と役員全員の退任を含む新再建計画を発表することとなった。

（3）　雪印を扱う意味と以下の章構成

　雪印の一連の不祥事は様々な観点から分析が行われている。多くの先行研究は集団食中毒事件や牛肉偽装事件の個別事例の分析であるが，「2つの不祥事を引き起こした」という現象に注目する先行研究も存在する[4]。その場合，短期間に2つの不祥事を引き起こした原因として，リーダーシップの欠如や企業文化の問題が指摘されることが多い（フィンケルシュタイン，2004；福永・山田，2005）[5]。こうした先行研究は，2つの不祥事をひとくくりにし，雪印が引き起こした1つの大きな不祥事としてとらえていると考えられる。

　以上より，雪印の不祥事に関する先行研究は，雪印の一連の不祥事をひとくくりにまとめるか，それぞれの不祥事を完全な個別事例として取り扱うかのいずれかに分類できる。2つの不祥事をひとくくりにとらえる場合，雪印による1回目の不祥事後の対応策は無視されることになる。また，2つの不祥事を，それぞれ個別事例としてとらえる場合，両事件は無関係とされ，1回目の不祥事後の対応策と2回目の不祥事との間の関連性は想定されないことになる。

---

4)　集団食中毒事件単独の事例分析，および，集団食中毒事件と牛肉偽装事件をひとくくりにした事例分析の概要は，谷口（2009）を参照のこと。また，牛肉偽装事件単独の分析としては，例えば鳥羽（2005），本間（2006）を参照のこと。

5)　こうした研究は，雪印乳業のいわゆる「企業体質」を問題にする。そして，「企業体質」は一朝一夕には変わらないという前提のもとに，2つの不祥事をひとくくりにして論じる傾向にある。

しかしながら，短期間とはいえ，1回目の事件と2回目の事件の間には1年半の期間があり，その間に雪印は何らかの対応策を講じていると考える方が自然であろう。ソーシャルイシュー・マネジメント論の立場からは，1回目の不祥事の後，ソーシャルイシューの認識とイシュー・マネジメントサイクルの構築を行えば，雪印は2回目の不祥事を防止できるはずである。けれども，1回目の不祥事から2回目の不祥事までの間に講じた雪印の対応策に注目した研究は皆無である。また，2回目の不祥事後に雪印は，「2回も事件を引き起こし，雪印は何も学んでいなかった」という批判さえもうけている（北海道新聞取材班，2002）。

　実際に，何らかの対応策を講じたにもかかわらず，結果的に2回目の不祥事が発生してしまったのだとすれば，雪印において何らかのソーシャルイシュー認識上の問題が生じていたとみることができる。このため，雪印は自ら引き起こした1回目の事件の際にソーシャルイシューを適切に認識できなかった事例として扱うことが可能であると考えられる。

　そこで，以下では，まず，第6章で，雪印乳業集団食中毒事件とその後の雪印乳業の対応，さらに雪印食品牛肉偽装事件とその後の雪印乳業の対応を詳細に述べる。それを受けて，第7章では，雪印が引き起こした2回の不祥事後の対応策を比較分析することにより，企業がソーシャルイシューを認識する際の陥穽について明らかにしていくことにする。

第6章

「雪印」の2つの不祥事

1. はじめに

　本章ではソーシャルイシューの認識に失敗した事例として，雪印乳業株式会社（以下，雪印乳業ないし雪印と略記する）がかかわった2つの不祥事を取り上げる。

　雪印は，2000年6月の「雪印乳業集団食中毒事件」，および2002年1月の「雪印食品牛肉偽装事件」という2つの大きな不祥事により，社会から厳しく批判された。現在においても，これらの事件は，企業倫理に反する典型的な不祥事の事例としてしばしば取り上げられる。また，すでに述べたように，これらの事件をひとくくりにして，雪印における一連の不祥事というように扱われる場合が多い。

　しかし，「雪印乳業集団食中毒事件」，および「雪印食品牛肉偽装事件」は詳細にみれば性質の異なる不祥事であり，問題構造，発生原因も異なる。したがって，両事件後の雪印の対応策も当然異なることになる。また，特に注目すべき点としては，雪印食品牛肉偽装事件は，雪印乳業集団食中毒事件の後に発生していることである。そのため，雪印乳業集団食中毒事件後に雪印が講じた対応策のもとで，雪印食品牛肉偽装事件は発生していることになる。これらの2つの不祥事における相違点を明確にせずに，ひとくくりにしている限り，雪印の2つの不祥事を正しく理解することはできない。

　そこで，本章では，「雪印乳業集団食中毒事件」，および「雪印食品牛肉偽装事件」における事実関係と，その事実関係を理解するために必要な情報を

図表 6-1　雪印の 2 つの不祥事

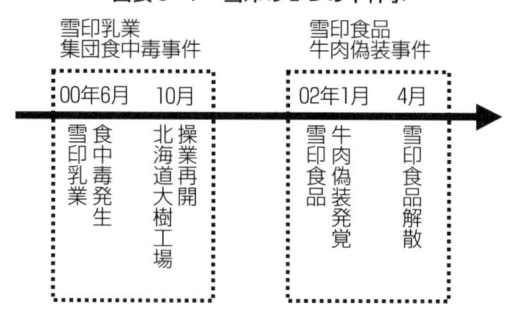

```
       雪印乳業                 雪印食品
    集団食中毒事件             牛肉偽装事件
 ┌─────────────┐      ┌─────────────┐
 │ 00年6月  10月 │      │ 02年1月  4月 │
─┼──┬───────┬──┼──────┼──┬───────┬──┼───→
 │雪 食│操北│       │雪牛│雪 │
 │印 中│業海│       │印肉│印 │
 │乳 毒│再道│       │食偽│食 │
 │業 発│開大│       │品装│品 │
 │　 生│　樹│       │　発│解 │
 │　　 │　工│       │　覚│散 │
 │　　 │　場│       │　　│　 │
 └─────┴────┘      └────┴────┘
```

整理し，2つの事件後に雪印が講じた対応策について詳細に記述する（図表6-1）。この作業を通じて，両事件を通じた雪印の企業行動のダイナミクスを経営学的に分析することが可能になると考えられる。

　まず，次節では，雪印グループの沿革と概要を示す。次に，第3節では，雪印乳業集団食中毒事件の内容とその後の雪印乳業の対応について詳細に記述する。第4節では，雪印食品牛肉偽装事件の内容とその後の雪印乳業の対応について詳細に記述する。第5節では，本章の内容を小括する。

2．「雪印」の概要

　雪印乳業の歴史は，1925（大正14）年まで遡ることができる。後述するが，北海道の酪農家達によって設立された「有限責任北海道製酪販売組合」がその起源である。その後，戦時中の過度経済集中排除法に基づく分離分割を経て，1958（昭和33）年に，グループ各社の整理統合が行われ，雪印乳業の原型が整うことになる（図表6-2）。雪印乳業の歴史は，北海道の，そして日本の酪農の歴史とともにあったといっても過言ではない。

　ここでは，雪印乳業集団食中毒事件，雪印食品牛肉偽装事件を理解するために，まずは雪印グループの概要について確認しておくことにしよう。

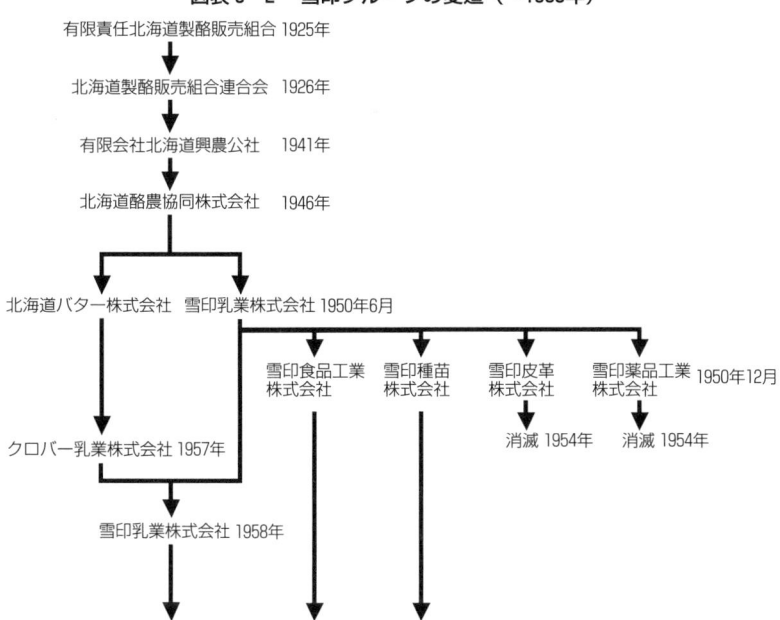

図表 6-2　雪印グループの変遷（～1958年）

```
有限責任北海道製酪販売組合 1925年
    ↓
北海道製酪販売組合連合会 1926年
    ↓
有限会社北海道興農公社 1941年
    ↓
北海道酪農協同株式会社 1946年
    ↓
┌─────────────────┬──────────────┬──────────────┬──────────────┬──────────────┐
北海道バター株式会社　雪印乳業株式会社 1950年6月
                    雪印食品工業    雪印種苗    雪印皮革    雪印薬品工業
                    株式会社       株式会社    株式会社    株式会社      1950年12月
                                              消滅 1954年  消滅 1954年
    ↓
クロバー乳業株式会社 1957年
    ↓
雪印乳業株式会社 1958年
```

（1）　雪印乳業の前史[1]

　1925（大正14）年5月17日，北海道の酪農家およそ630人の共同出資によって「有限責任北海道製酪販売組合」が設立された。雪印乳業の前身である。初代組合長理事は宇都宮仙太郎，専務理事は黒澤酉蔵，常務理事は佐藤善七らであった。

　大正時代に入ると，北海道では酪農が広がっていった。しかし，関東大震災後，政府は緊急対策として食料等に対する輸入関税を免除したため，安価な輸入乳製品が国内に大量に流入した。第1次世界大戦後の不況とも重なり，当時，有力乳業メーカーであった北海道煉乳，極東煉乳，森永製菓の国内煉乳各社は業績不振に陥り，生産者からの牛乳の買い取り価格を引き下げた。

---

1) 雪印乳業史編纂委員会編（1960）による。

さらに，製造制限，牛乳の受入制限を行ったことから，北海道の酪農家は大打撃を被った。こうした状況下で販路を失った牛乳の処理販売のために発足したのが有限責任北海道製酪販売組合であった。背景には組合主義によって成長を遂げたデンマーク農業をモデルにして北海道の酪農を発展させたいという考えがあった。設立趣意書には「品質の統一せる精良なるバターを製造し北海道バターの声価を益々発揚いたし，飼畜農業者の福利を増進し以て農村振興の実践躬行をいたしたいと期する」との文言もみられる。

有限責任北海道製酪販売組合が発売した「北海道バター」には，当初は簡単な雪の形に星を配したシールが貼られていた。そのため，「雪星印」北海道バターという名称を商標登録しようとした。しかしながら，すでに「星印バター」が商標登録されていたため，1926年，これを「雪印」と改めた。あわせて佐藤貢技師[2]と瀬尾俊三販売担当主事[3]の母校である旧制札幌第一中学校の校章にヒントを得た雪のマークに北海道を象徴する北斗星を組み合わせて「雪印」のマークが考案された。これが現在の雪印マークの起源である。

同年，「有限責任北海道製酪販売組合（以下，製酪組合と略記する）」は「北海道製酪販売組合連合会（以下，酪連と略記する）」に組織変更された。さらに，1941年4月，酪連は明治製菓，極東煉乳，森永煉乳の各社と統合し，国策会社である「有限会社北海道興農公社（以下，公社と略記する）」となった[4]。1946年，戦後の経営民主化の流れの中で，公社は「北海道酪農協同株式会社（以下，北酪社と略記する）」と改称した。しかし，1948年に過度経済力集中排除法に基づく指定をうけ，一部工場および付属施設を明治製菓，森永乳業に売却した後，1950年6月，「北海道バター株式会社（以下，北海道バターと略記する）」と「雪印乳業株式会社（以下，雪印乳業と略記する）」に分割された。

---

2) 佐藤貢技師は創設メンバーである佐藤善七常務理事の長男であり，雪印乳業の初代取締役社長である。
3) 瀬尾俊三主事は，雪印乳業の初代専務取締役であり，その後，2代目の取締役社長になった。
4) 同年9月に株式会社に組織変更された。

（2） 雪印グループの沿革[5]

1） 雪印乳業の変遷

　1950年6月10日に発足した雪印乳業の初代取締役社長には佐藤貢が就任した。また，10月には製酪組合創設メンバーであり北酪社前会長である黒澤酉蔵を相談役に据えた。こうして設立された雪印乳業は，同年12月には関連事業を「雪印食品工業株式会社」「雪印種苗株式会社」「雪印皮革株式会社」「雪印薬品工業株式会社」として分離し，事業を乳業に集約して再出発した[6]。

　雪印乳業は，製酪組合時代以来，北海道を中心に事業を展開しつつも，バター，チーズ，マーガリン，粉乳，アイスクリーム等の製品分野においては全国的な生産・販売体制を確立しつつあった。しかしながら，乳製品[7]全体の全国シェアの低下が顕著であったため，それまで北海道内でのみ事業展開していた市乳[8]事業の道外での展開が急務となった。そこで，1952年，道外では初めて岩手県に5工場を開設した。翌1953年には，東京でも市乳事業を開始した。これは東京の「第一牛乳株式会社」をベースに「雪印牛乳株式会社」を新設し，雪印乳業がその株式の51％を所有するという形式で進められた。東京での市乳需要の増加は著しく，ほどなく雪印牛乳板橋工場の生産能力は限界を超えた。このため1955年に雪印乳業志村工場[9]が新設され，同年

5） 雪印乳業史編纂委員会編（1960），雪印乳業史編纂委員会編（1961）による。
6） その後，雪印皮革と雪印薬品工業は業績不振に陥り，1954年に事業継続を断念した。
7） いわゆる牛乳や乳製品の定義は，「乳及び乳製品の成分規格等に関する省令（以下，乳等省令と記す）」に定められている。乳等省令では，「乳」と「乳製品」という分類がなされる。「乳」は，生乳，牛乳，特別牛乳，生山羊乳，殺菌山羊乳，生めん羊乳，成分調整牛乳，低脂肪牛乳，無脂肪牛乳，及び加工乳を指す。他方，「乳製品」は，クリーム，バター，バターオイル，チーズ，濃縮ホエイ，アイスクリーム類，濃縮乳，脱脂濃縮乳，無糖練乳，無糖脱脂練乳，加糖練乳，加糖脱脂練乳，全粉乳，脱脂粉乳，クリームパウダー，ホエイパウダー，たんぱく質濃縮ホエイパウダー，バターミルクパウダー，加糖粉乳，調製粉乳，発酵乳，乳酸菌飲料（無脂乳固形分3.0％以上を含むものに限る）および乳飲料を指す。詳しくは小山・谷口（2007）を参照のこと。
8） 飲用を目的として販売される牛乳類のこと。具体的には牛乳や加工乳を指すが，乳飲料を含める場合もある。社団法人中央酪農会議HP（http://www.dairy.co.jp/yougo/sa/048.html，アクセス日：2010年8月7日）による。
9） 志村工場ではアイスクリーム，バター，煉乳なども製造された。1956年に志村工場は

5月から市乳が生産されることとなった。

　事業分野の拡大，生産体制の拡充が進む中，1955年3月1日，東京都内の小学校で雪印乳業製の脱脂粉乳による集団食中毒事件が発生した。「八雲工場脱脂粉乳食中毒事件」である。翌3月2日の午前中には，都教育長から都内各小学校に対し，国産脱脂粉乳使用中止の指令が出された。雪印は，全支店に脱脂粉乳，スキムミルクの一時販売停止，八雲工場製脱脂粉乳の回収を指示した。最終的には，発生校数9校，患者数は1936名に上った。なお，患者の症状は比較的軽く，翌日にはほとんどの児童が登校可能であった。

　都立衛生研究所での細密検査の結果，八雲工場製脱脂粉乳から多数の黄色ブドウ球菌が検出されたため，同工場製脱脂粉乳は移動禁止処分を受け，原因究明のための調査が開始された。その結果，八雲工場において，新しい機械を取り付け使用した際にその機械が故障し，さらに，停電事故が重なり，製造中の脱脂粉乳に対して適切な処理が行われなかったために細菌が増殖したことが原因であることが明らかになった。

　雪印乳業は3月5日から，全国主要新聞に謝罪広告を掲載し，学校には見舞金を送り，関係校の全保護者にお見舞い状，学校長・PTA会長・教育長，保健所・販売店・同業各社にお詫び状を送り，あわせて会社の首脳が関係各所を歴訪し謝罪を行った。3月18日，佐藤貢社長は「全社員に告ぐ」[10]（章末参考資料6-1）とし，「品質によって失った名誉は品質をもって回復する以外に道はない」と訓示を行い，細心の注意と努力を訴えた。また，この事件を契機に品質体制の強化が図られた[11]。

　雪印乳業と同じく北酪社から分離独立した北海道バターでは，分離独立後1年間は雪印商標の使用が認められていたものの，新しいブランドの確立が

東京工場と改称されている。
10) 当時の雪印グループの全従業員に配布された。また，翌年以降，新入社員にも配られた。しかし，新入社員への配布は1986年以降行われていない。詳しくは産経新聞取材班（2001）を参照のこと。
11) 詳しくは小山・谷口（2007）を参照のこと。なお，同年8月には森永ヒ素ミルク中毒事件が発生している。

急務であった。これについてはバターのブランドとして使用していた「クローバー印」を全製品に使用することで決着した。さらに，1957年には社名をクロバー乳業に変更した。

　1958年，過度経済力集中排除法に基づき北酪社から分離・独立した雪印乳業とクロバー乳業は，再び統合した。両社は11月1日付けで合併し，新会社名を雪印乳業とし，取締役社長には旧雪印乳業取締役社長の佐藤貢がそのまま就任した。この新しい雪印乳業の成立をもって，雪印乳業の原型が整ったのである。その後，雪印乳業は生産能力の増強，事業領域の多角化を積極的に展開し，日本有数の乳業メーカーへと成長することになる。

2) 雪印乳業の事業展開

　それまでの雪印乳業は乳製品中心に事業を展開してきた。しかしながら，合併により生産能力の増強がなされたこともあり，増大する市乳需要に対応するため，市乳事業の強化が図られた。合併後から1962年までの間に仙台工場，栃木工場，北陸工場，京都工場，福岡市乳工場などの市乳工場が新設されたほか，全国主力市乳工場の生産能力増強が行われた。この結果，雪印乳業の市乳生産販売エリアは全国に拡大し，市乳生産量からみるシェアも1959年度の12.1％から1962年度には15.7％にまで拡大した。また，売上高に占める市乳事業の比率も27.2％と上昇した。

　この時期，雪印乳業は市乳事業の拡大と並行して乳製品事業の拡充強化も行っている。例えば，磯分内工場，静内工場，札幌工場などの大規模工場の新設がそれである。また，乳飲料，乳酸菌飲料，発酵乳などの生産・販売（図表6-3）も拡大した。とりわけ乳飲料の販売量は驚異的な伸長をみせた。さらにアイスクリームの販売も拡大し，1959年度からの4年間でその生産量は2倍（25万600キロリットル）になった。

　これ以外の事業分野では，食品製菓事業への積極的な展開がみられる。雪印乳業は1958年に雪印食品工業の肉缶詰製品などの販売を受託して以降，ジュース，紅茶，ココアを中心に，フルーツ缶詰，スープ，カレー，コンビーフなどを製造・販売してきた。また，1959年には江戸川製菓工場でミル

図表 6-3　市乳・乳飲料・乳酸菌飲料・発酵乳等販売区分
(1959年度～1962年度)

区　分		品　目
市乳	牛　乳	ビタミン，ホモジナイズ
	加工乳	ミネラル，スーパー，ジャージー
乳飲料		フルーツ牛乳，コーヒー牛乳，コーヒーミルク，パッションミルク
乳酸菌飲料		カツゲン，ローヤルカツゲン，スノーラック，ヨグール，ソフトラック
発酵乳		ヨーグルト，フルーツヨーグルト，ローリー
その他		ピュアージュース（オレンジ），トマトジュース，生クリーム

出所：雪印乳業史編纂委員会編 (1969)，p.89。

図表 6-4　製品年度別売上高（1959年度～1965年度）

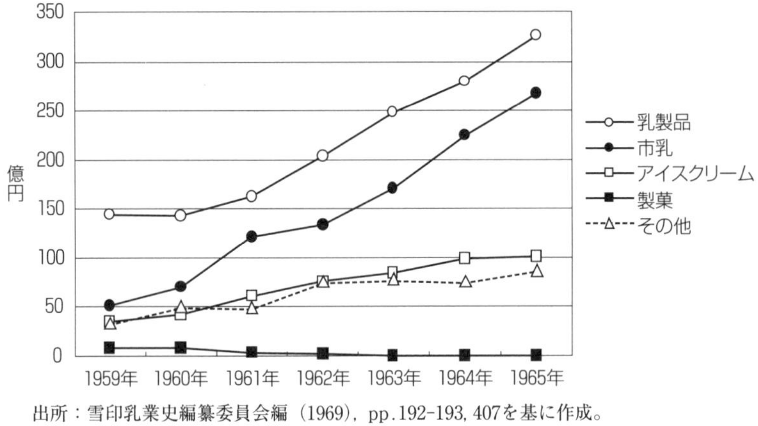

出所：雪印乳業史編纂委員会編 (1969)，pp.192-193，407を基に作成。

クパン，ビスケットなどの製造・販売を，さらに1962年には十勝食品工場が完成し，雪印マッシュポテトの製造・販売をそれぞれ開始した。しかしながら，1963年には食品部門が雪印食品工業に移管され，1964年には製菓事業が廃止された（図表 6-4）。

こうした積極的な事業展開に伴って，雪印乳業は1960年に札幌・東京の両本社制を採用し，その後，逐次本社機能を東京に移していった。

1960年代後半から1970年代にかけては，工場の集約大型化と設備の近代

第6章 「雪印」の２つの不祥事

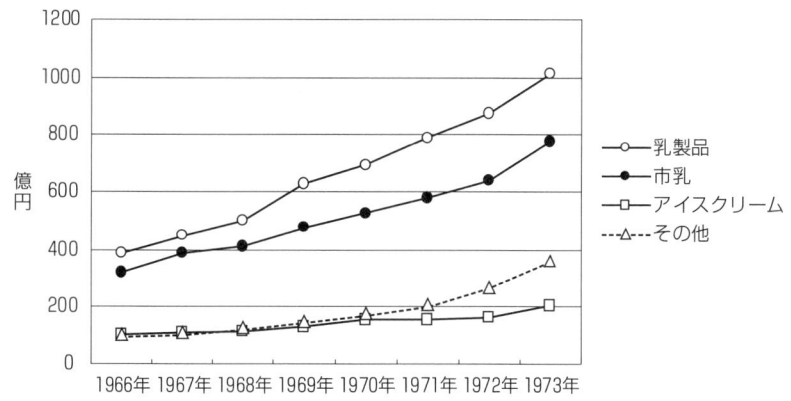

図表6-5　製品年度別売上高（1966年度～1973年度）

出所：雪印乳業史編纂委員会編（1975），p.236，517を基に作成。

化・合理化が進展した。市乳については販路をスーパーマーケットに拡大するとともに，あわせて，大型紙容器（500cc，1000cc）の導入も進められた。また，冷凍食品事業への参入，関連会社を通じての外食事業への参入，協和発酵工業との提携による調味料事業への参入も進められた。この結果，食生活の変化に伴う需要の拡大とも相まって，各製品の売上は引き続き拡大した（図表6-5）。

1970年代中頃になると，いわゆる農協系ミルクプラントが相次いで設立された。この農協系牛乳は従来型の販売店ルートをもたなかったため，スーパーマーケットなどの量販店に大量に商品が投入された。このため，市乳事業は廉売競争に巻き込まれた。こうした状況下で，雪印は多角化を進めるとともに，市乳事業においては，「クローバー北海道牛乳」「八ヶ岳高原牛乳」などのセカンドブランド製品や「アカディ牛乳[12]」などの新製品を相次いで投入した。この結果，乳製品事業と市乳事業の売上高に占める構成比率は同水準となるとともに，その他の事業領域の売上高に占める構成比率も上昇し，雪印乳業の多角化は一応の完成をみた（図表6-6）。

12）あらかじめ乳糖を分解した乳飲料。

図表6-6　製品年度別売上高（1974年度〜1980年度）

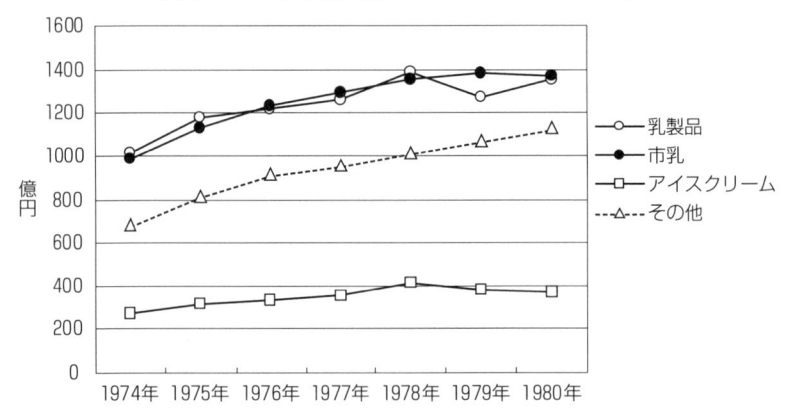

（グラフ：縦軸 億円、横軸 1974年〜1980年、凡例：乳製品、市乳、アイスクリーム、その他）

出所：雪印乳業史編纂委員会編（1985b），pp.446-447を基に作成。

図表6-7　製品年度別売上高（1981年度〜1990年度）

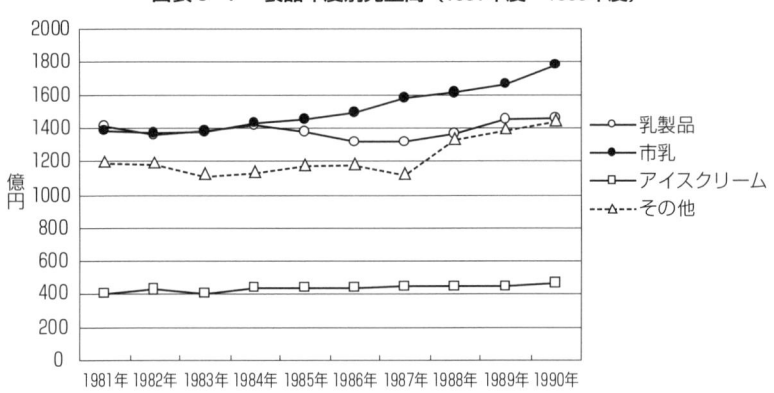

（グラフ：縦軸 億円、横軸 1981年〜1990年、凡例：乳製品、市乳、アイスクリーム、その他）

出所：雪印乳業史編纂委員会編（1995），pp.514-515を基に作成。

　1980年代前半は景気の低迷をうけて業績も低迷したが，バブル期以降は過去最高益を記録するなど，業績は回復した。また，多角化の一環として1981年に医薬品事業に参入し，1985年には医薬品本部が新設された。この間の売上高の構成は図表6-7の通りである。とはいえ，飲用乳市場は価格競争が激化し，雪印に限らず，各市乳メーカーともに苦戦を強いられた。そのような状況の中，雪印は生産の集約化・合理化を進めるとともに，相次いで新製

品を投入した。加工乳[13]では，1985年に「LL特濃4.2牛乳1リットル」，1986年に「低脂肪乳1リットル」，1989年には「カルパワー」を，チーズでは，1987年に「とろけるスライス」を，飲料では，1988年には乳酸菌飲料の「のむヨーグルト・ナチュレ　大型紙容器入り」，清涼飲料の「Doleジュース」を発売した。

　他方，1950年12月に雪印乳業の畜産加工部門が分離独立して設立された雪印食品工業は，設立当初，事業目的として「肉畜，畜肉の売買，農畜産物の加工販売及び屠場の経営」を掲げた。ただし，当面は分割前の中心事業であるハム・ソーセージ類の製造販売と肉を主原料とする缶詰の製造販売，札幌屠場の経営[14]を行うこととなった。

　ハム・ソーセージの製造販売は順調に進んだが，缶詰の製造販売は苦戦を強いられた。しかしながら，大阪の天満缶詰会の会長経験者でもある弘木屋商店の藪内光治の協力を得て大阪市場の開拓が進み，やがては関東，九州方面に販路を拡大することができた。この時代の缶詰の主力製品はコンビーフ，牛肉大和煮，ソーセージミートであった。その後，1957年に花巻工場，1959年に東京工場，1961年に札幌工場，1962年に宝塚工場がそれぞれ操業を開始し，名実ともに全国展開が進展した。

　1962年には東京証券取引所第二部および札幌証券取引所に株式上場を果たした。また，1963年には前述のように雪印乳業から缶詰類，一般食品の販売を移管，さらに，1970年には，雪印乳業の製菓事業のうち，バター飴，チーズ飴事業を引き継ぎ，総合食品メーカーへの足がかりを作った。

　1970年8月に「アンデスハム株式会社」と合併し「雪印アンデス食品株式会社」となり，業界第4位の地位を確立した。さらに，1976年8月には「雪印食品株式会社」に社名を変更した。その後，肉加工品，食肉，一般食品な

---

13) 生乳，牛乳，特別牛乳，またはこれらを原料として製造した食品（バター，クリーム，脱脂粉乳など）を加工したもの（成分調整牛乳，低脂肪牛乳，無脂肪牛乳，発酵乳，乳酸菌飲料を除く）。低脂肪型加工乳，濃厚型加工乳などがある。
14) 屠場事業は1960年に札幌畜産公社に移管された。

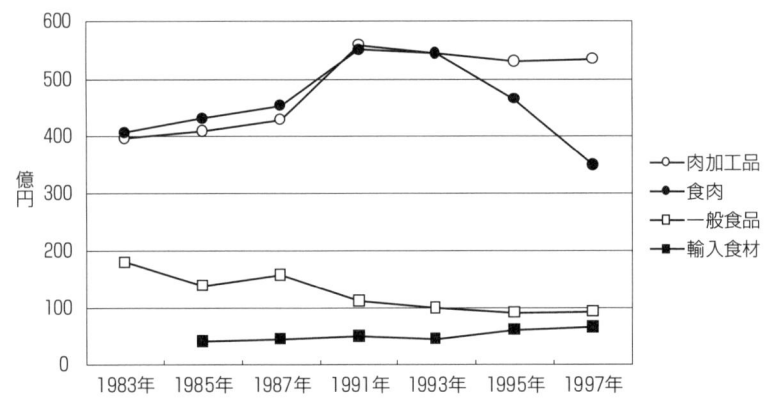

図表 6-8　雪印食品製品年度別売上高（1983年度〜1997年度）

出所：雪印食品社史編纂実行委員会編（2000），p.116, 124, 130, 143, 148, 153, 159を基に作成。

どの製造，販売を行う中堅食品メーカーとして，業界内での地位を固めた（図表 6-8）。

（3） 事件発生前の雪印グループの状況

1） 雪印乳業の状況 [15]

雪印乳業は東京証券取引所第一部，大阪証券取引所第一部，札幌証券取引所上場企業であった[16]。2000年 3 月時点での資本金は278億900万円，従業員数は正規従業員が6707名，非正規従業員数が2595名となっている。単体での売上高は5440億円，経常利益は122億円であった（図表 6-9）。また，雪印グループは子会社95社と関連会社17社で構成され，主要な連結子会社には，雪印アクセス，雪印ローリー，雪印食品，雪印種苗，雪印物流などがあった。

2000年 3 月時点でみると，明治乳業が売上高4850億円，経常利益92億円，

---

15) 雪印乳業（2000）による。
16) 2009年10月に，日本ミルクコミュニティとの共同持株会社である雪印メグミルク株式会社が設立され，日本ミルクコミュニティとともに同社の子会社となった。その後，2011年 4 月に，雪印乳業，日本ミルクコミュニティは雪印メグミルクに吸収合併された。

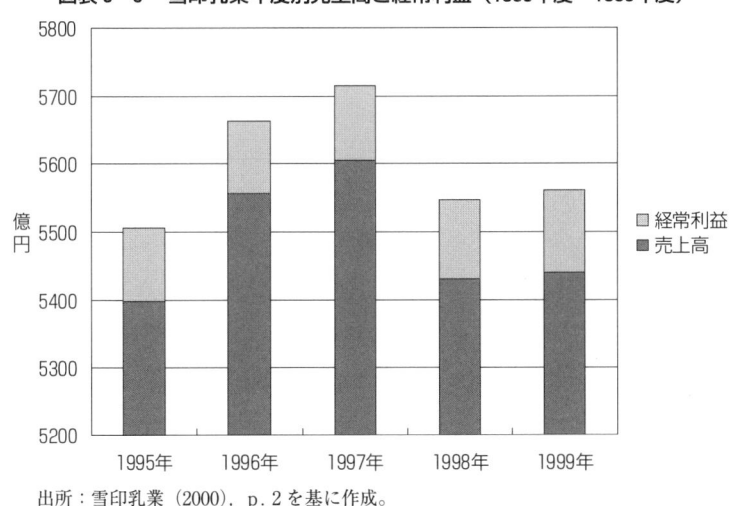

図表 6-9　雪印乳業年度別売上高と経常利益（1995年度～1999年度）

［グラフ：縦軸 億円（5200～5800）、横軸 1995年～1999年、経常利益と売上高の積み上げ棒グラフ］

出所：雪印乳業（2000），p.2 を基に作成。

　森永乳業が売上高4326億円，経常利益89億円であることから，雪印乳業が名実ともに業界トップ企業であったことがわかる（図表6-10）。

　雪印乳業の主要事業は，乳製品事業，市乳事業，アイスクリーム事業，冷凍食品事業であった。1999年度については，乳製品事業はナチュラルチーズの販売が好調で売上を伸ばした。市乳事業は牛乳の需要が低迷したものの，ヨーグルトや乳酸菌飲料の売上が拡大した[17]。アイスクリーム事業は，業界全体の需要低迷と西日本の天候不順をうけて売上が縮小した。冷凍食品事業は市場の拡大に伴い売上も拡大した。

　2000年当時の社長は石川哲郎であった。石川社長は1957年に雪印乳業に入社した。1984年に財務部長，1987年に取締役財務部長，1991年に常務取締役，1993年に専務取締役となり，1997年に代表取締役社長に就任した。生産畑が中心であった雪印乳業において初の財務畑の社長となった。

---

[17] 牛乳は，その生産および消費が天候に左右される。また，乳価の変動も激しい。さらに牛乳はスーパーなど量販店で廉売される傾向にあるため，市乳事業の安定には，高付加価値商品の開発・販売が重要となる。

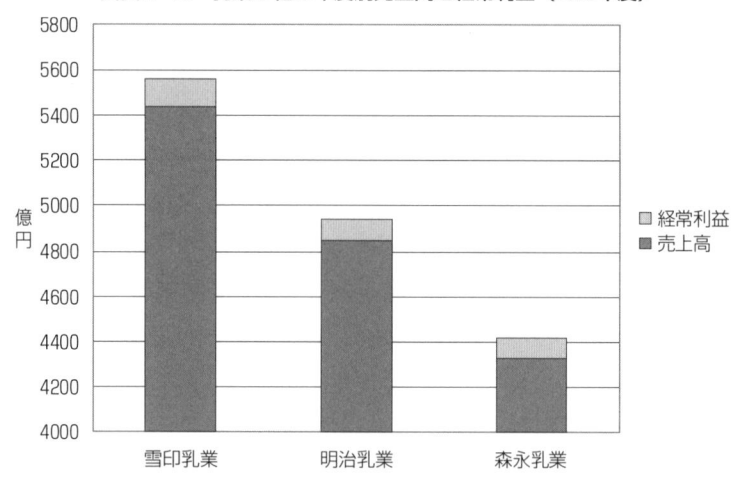

図表6-10　乳業3社の年度別売上高と経常利益（1999年度）

出所：雪印乳業（2000），p.2，各社有価証券報告書を基に作成。

2）雪印食品の状況 [18]

　すでにみたように，雪印食品は東京証券取引所第二部および札幌証券取引所上場の雪印乳業連結子会社であった。2001年12月時点での資本金は21億7200万円，従業員数は正規従業員が952名，非正規従業員が546名となっている。

　雪印食品には4つの事業分野があった。食肉加工食品の製造・販売を行うハム・ソーセージ部門，調理済みまたは半調理商品の製造・販売を行うデリカ部門，食品やペクチン等の輸入，製造・販売を行う食品・海外商品部門，食肉の仕入・販売，加工を行うミート部門である。このうち，主力事業はハム・ソーセージ部門であり，収益全体の8割から9割を占めていた。ミート部門は収益性が悪く，1992年以降は，毎年，数億円の赤字を出していた。

　こうしたこともあり，2001年4月，ハム・ソーセージ部門，デリカ部門，ミート部門を統合して，デリカハム・ミート事業本部が設けられた。10月に

18）東京地裁判平成17・2・10　判時1887・135による。

は，同事業本部内のミート営業部と原料調達部を統合して，ミート調達部が設けられた。デリカハム・ミート事業本部は8部門，6統括支店を管轄していた。関東統括支店のもとに関東ミートセンター，関西統括支店のもとに関西ミートセンターなど，4統括支店の下にミートセンターが置かれていた。

また，ミート部門は，①食肉の仕入と販売を主とする販売業であること，②担当者は相場の予測や，品質の見極めのために，専門知識と経験が必要であること，③ミート部門の担当者は長年ミートを専門的に扱う傾向が強いこと，④生肉は雪印ブランドが付されず，業者間で売買されることなどの特徴を有していた。

雪印食品の売上高は，1999年度までは毎年1000億円を超えていた。しかし，2000年の雪印乳業集団食中毒事件影響もあり，2000年度決算では経常損失が約25億3400万円，当期損失が約39億9700万円，2001年度中間決算でも経常損失が約12億5500万円，当期損失が約17億1600万円となった。

3．雪印乳業集団食中毒事件

雪印乳業集団食中毒事件とは，2000年6月から7月にかけて近畿地方で発生した雪印乳業大阪工場製造の低脂肪乳等を原因とする大規模な食中毒事件である。この事件における最終認定患者数は1万3420名となり，過去に例をみない大規模な食中毒事件となった。本節では，まず集団食中毒事件の発生時の概要について簡単に整理を行う。

（1）　雪印乳業集団食中毒事件の概要[19]
1）　食中毒の発生と初動対応

2000年6月27日11時29分，和歌山県の消費者から大阪工場製造の低脂肪乳[20]を喫食後，嘔吐などの症状を発症したとの苦情が雪印の西日本支社関

---

[19] 北海道新聞取材班（2002），藤原（2002），小山・谷口（2007）による。

西品質保証センターに入った。雪印は，この段階ですぐに営業担当者を現地に派遣した。しかし，営業担当者は問題となった製品を試飲したものの，特に異常を感じなかったため食中毒とは認識せず，通常の苦情対応処理を行った。これに先立つ10時50分，大阪市保健所にも大阪市天王寺区の病院より一家族が大阪工場製造の低脂肪乳の喫食後，嘔吐，腹痛，下痢などの症状を呈しているとの届出があった。

　6月28日12時05分と13時08分にも，それぞれ低脂肪乳喫食後の下痢・嘔吐に関する苦情が雪印に寄せられた。雪印では13時20分に西日本支社において緊急品質管理委員会が開かれ，3件の苦情情報が報告・確認された。このとき，雪印では食中毒という可能性だけでなく，外部からの毒物混入の可能性も考えられていた。13時40分，大阪市保健所は同日になってさらに2件の食中毒症状の届出をうけたことから大阪工場に立入調査を行った。併せて，雪印側に，保健所が把握していた3件の届出情報を伝えた。13時50分頃，保健所による立入調査についての情報を得た取締役市乳営業部長が大阪工場長に状況の確認をしたが，大阪工場長は会議に出席していたことから顧客からの苦情については把握しておらず，保健所の立入情報のみについて把握していたため，特に問題はない旨，回答した。これをうけて，取締役市乳営業部長は専務取締役第二事業本部長に対して，特に問題はないとの報告を行った。15時30分には西日本支社で第2回目の緊急品質管理委員会が，15時50分には東京本社で緊急保証連絡会が開かれ，それぞれ苦情情報の確認と情報の共有化が図られた。

　18時頃から，株主総会のために札幌入りしていた関係役員による苦情情報の確認と対応について協議が行われた。この時点では，雪印が直接把握した苦情情報が4件，保健所経由で把握した情報は3件であった。この関係役員

---

20) 問題となった「低脂肪乳」は脱脂粉乳などを原料として製造した加工乳である。これとは別に「低脂肪牛乳」というものもある。「低脂肪牛乳」は生乳から乳脂肪分の一部を取り除いたものである。したがって，原料として脱脂粉乳などの「乳製品」は使用されない。

第6章 「雪印」の2つの不祥事

による打ち合わせでは，①大阪工場で低脂肪乳を1日約7万本生産している中での苦情であること，②苦情の発生した低脂肪乳の品質保持期限がバラバラであること，③苦情の発生場所もバラバラであること，④製造後3日ないし4日を経てから発生していること，⑤大阪工場での出荷時検査では異常がみられなかったことから，大阪工場の製造工程に何らかの問題があると断定するにはいたらなかった。他方で，原因究明のために，20時頃，6月29日以降の大阪工場大型紙容器ラインの停止を決定，指示した。21時には大阪工場製造課主任が製品サンプル等を埼玉県川越市の分析センターに搬入するために大阪工場を出発した。

22時45分より，大阪工場長が大阪市保健所を訪問し，協議を行った。保健所から雪印に対しては製造自粛，製品回収，社告の掲載が指示された。雪印から保健所に対しては29日以降の大型紙容器ラインの停止と出荷自粛が伝えられた。社告については社内で検討する旨，返答があった。しかし，雪印では原因不明のまま社告を出すことは混乱の原因になる可能性もあることから，すぐに結論を出すことはできなかった。

6月29日朝から，雪印は大阪工場の低脂肪乳を含む大型紙容器ラインを停止し，店頭からの低脂肪乳の自主回収を開始するとともに，大阪工場製造工程の調査，全ての原材料の分析を開始した。また，10時30分頃，株主総会を終え帰京するために新千歳空港にいた石川哲郎社長に対し，品質担当取締役が苦情情報を伝えた。その後，雪印では社告掲載が決定し，準備が進められた。16時，大阪市が「雪印低脂肪乳による患者の発生について」という内容で1回目の記者会見を実施し，断続的に2回目，3回目の記者会見を行った。和歌山県，大阪府も同様の記者会見を行った。21時45分，雪印が記者会見を行い，常務取締役西日本支社長が苦情の発生状況，自主回収の案内，意思決定の遅れについて説明した。

6月30日，雪印は全国紙朝刊にお詫びと回収を知らせる社告を掲載した。その後，雪印に対して消費者から抗議と問い合わせが殺到した。

2) 原因究明と大阪工場の衛生管理問題

　6月30日，和歌山市衛生研究所が発症者の飲み残し製品から黄色ブドウ球菌産生毒素エンテロトキシンAの遺伝子を検出した。さらに7月2日，大阪府立公衆衛生研究所がエンテロトキシンAそのものを検出したことにより，食中毒の病因物質がエンテロトキシンAであることが特定された。

　これに先立つ7月1日の雪印による記者会見で，大阪工場低脂肪乳製造工程中の仮設ラインのホースと調整乳タンクを結ぶ部分にあるチャッキ弁（逆流防止弁）から黄色ブドウ球菌が検出されたこと，当該部分に10円玉大の乳固形物が付着したことが明らかになった[21]。併せて，仮設ラインや調整乳タンクなど低脂肪乳製造時に余った原材料を再利用するための設備が無届けであったこと，問題となったチャッキ弁の洗浄が社内規定の週1回に反して使用後のみであったことが表面化した。このため，しばらくは大阪工場の製造工程の汚染により黄色ブドウ球菌が増殖しエンテロトキシンAが製品中に混入した可能性が高いとの報道がなされた。また，大阪工場の衛生管理の不備に関する批判が強まった。

　しかし，製造ラインを異にする低脂肪乳以外の製品や大阪工場以外の工場で製造された製品を喫食した消費者からも被害の申し出があったことや，10円玉大の乳固形物から検出される程度の黄色ブドウ球菌数では大規模な食中毒が発生し得ないことから，大阪工場を汚染源とした場合に十分な説明がつかないため，引き続き原料の分析が続けられていた。ただし，大阪工場で低脂肪乳製造の際に原料として使用された脱脂粉乳が磯分内工場製と誤って記録されていたことや，低脂肪乳や脱脂粉乳などの乳製品から微量のエンテロトキシンAを検出することが技術的に困難であったことから，原料ルートからの汚染源の特定は難航した[22]。

---

21) 後日，大阪市立環境科学研究所が検査した結果，検出された細菌は黄色ブドウ菌ではないことが判明した。また，この記者会見の際，大阪工場長が製造工程から10円玉大の乳固形物が発見されたことを突然明らかにしたために，そうした事実を把握していなかった石川社長が「君，それは本当か」という発言をした。

7月4日，大阪市保健所は雪印に対して，6月21日以降に大阪工場で製造された「低脂肪乳」「カルパワー」「毎日骨太」の回収命令を出すとともに，大阪工場で製造されたその他の製品の自主回収を指示した。これを受けて同日，雪印は記者会見を行い，回収命令対象となった4製品を含む，大阪工場製造の全59製品の回収を発表した[23]。また，厳しい批判を受け，7月6日には，石川社長の引責辞任と大阪工場閉鎖の方針が発表された[24]。

　7月10日，大阪市が「雪印乳業大阪工場における衛生管理状況調査結果（中間報告）」を発表した。この中で，以下の問題点が指摘された。第1に，チャッキ弁の分解洗浄に関して，①規定の実施頻度で洗浄されていなかった，②実施頻度が記載されていないものがあった，③使用頻度と比較して洗浄頻度が少なかった。第2に，常設のステンレス配管以外のホースによる配管の使用に関して，①CIP洗浄[25]ではなく，使用後の水洗や不定期の循環洗浄のみのホースがあった，②ホースの保管場所が屋外にもあり，保管時にホース末端に栓がされてなかった。第3に，殺菌前の最終成分調整の際に，調合作業が屋外で手作業により行われていた。第4に，製造後出荷されずに冷蔵庫に残った製品および出荷後発注ミス等により返品された製品[26]を原料と

---

22) 問題となった低脂肪乳中の毒素濃度は予想以上に低く，検体中の毒素を濃縮しないと検出できなかった。また，高濃度のタンパクや脂質，糖類を含む牛乳類から微量のタンパク毒素を効率よく選択的に抽出濃縮するのは容易ではなかった。詳しくは，浅尾（2000）を参照。
23) この日の記者会見では，全品回収の決定の遅れについて厳しい質問が出された。同席した幹部の「黄色人種や黒人には牛乳を飲んで具合が悪くなる人は一定数いる」との発言や，石川社長の「私だって寝てないんだ」との発言により，マスコミによる雪印批判は激しさを増した。詳しくは，北海道新聞取材班（2002）を参照。
24) 石川社長の辞任は9月末とされたが，7月9日に石川社長が緊急入院したため，2カ月前倒しし，7月28日に西紘平常務が新社長に就任した。
25) 製造設備の薬剤洗浄方式の1つで，設備を分解することなく，設備に組み込まれた洗浄機能によって洗浄を行う。財団法人食品産業センターウェブサイト（http://www.shokusan.or.jp/haccp/basis/1_4_27_medicine%20washing.html，アクセス日：2010年8月7日）による。
26) 大阪市の「雪印乳業集団食中毒事件の原因究明調査結果について（最終報告）」においても，返品された製品を原料として再利用しているとの記述があるが，雪印の最終報

して再利用する際に，①再利用製品の開封作業が冷蔵庫内で配送委託業者によって行われていた，②再利用品は品質保持期限内のもので，使用前に検査を実施することになっているが，期限切れのものが混入していた可能性を否定できなかった。この中間報告の内容に関する報道の影響もあり，翌11日より，イトーヨーカ堂，ダイエーなどの主要な小売店が順次全ての雪印製品を撤去した。

　雪印は，他の市乳工場全体に対する不信感が広がったため，大阪工場以外の全20工場の操業を停止し，一斉点検を実施した。これらの市乳工場は第三者機関による検査を経て，8月2日までには，順次安全宣言が出された。また，8月4日，雪印は工場の衛生管理に問題があったとして，社長室直轄の商品安全監査室を設置することを明らかにした。

　大阪府警は，早い段階から原料である脱脂粉乳に注目し，大阪府立公衆衛生研究所に捜査協力を依頼していた。これを受け，大阪府立公衆衛生研究所は7月上旬より，脱脂粉乳から純度が高く高度に濃縮したエンテロトキシンを抽出する方法を検討していた。その後確立した検査方法によって，8月になり，大阪府立公衆衛生研究所は大阪府警から鑑定依頼を受けた4月10日大樹工場製造の脱脂粉乳2検体からエンテロトキシンAを検出した。このことは大阪府警に伝えられ，大阪府警から情報提供を受けた大阪市は8月18日，雪印乳業大樹工場（北海道広尾郡大樹町）で4月10日に製造された脱脂粉乳からエンテロトキシンAが検出されたと発表した。

　この段階で，事件の舞台は大阪工場から大樹工場に移った。大樹工場では関係機関による立入調査や警察による捜査が行われ，脱脂粉乳が汚染された状況が次第に明らかになっていった。

3）　大樹工場での汚染脱脂粉乳製造・出荷プロセス

　上述のように，食中毒の原因となった大阪工場製の低脂肪乳等は北海道の大樹工場で製造された脱脂粉乳を原料として製造された。この大樹工場製の

告書である「雪印食中毒事件に関する原因調査結果報告」においては，店頭から返品された製品の再利用は否定されている。

脱脂粉乳が汚染されていたために大阪工場製の低脂肪乳等もまた汚染され，食中毒が発生した。ここでは大樹工場において製造された脱脂粉乳が汚染されたプロセスについて概観する。

　大樹工場は1957年からチーズの製造を開始している。集団食中毒事件が発生した2000年当時，大樹工場ではカマンベールやストリングスチーズ等のチーズ50品目を約8500トン，脱脂粉乳等の粉乳9品目を約6000トン製造していた。このうち脱脂粉乳の生産量は年間約290トンであった。大樹工場はナチュラルチーズ製造の主力工場であり，脱脂粉乳の製造は，生産調整時や棚卸し作業時に単発的に実施されていた。チーズの製造ラインはそのまま脱脂粉乳の製造ラインとしても使用できることから，このようなことが行われていた[27]。

　集団食中毒事件の発端となったトラブルは2000年3月31日に発生した。その日の大樹町は晴れで最高気温は8.9℃であった[28]。このような天候の下，大樹工場粉乳包装室の屋根に形成されていた氷塊が溶け出し，直下の電気室の屋根を破って落下した。これにより多量の雪解け水が電気室遮断機絶縁部に侵入したため発電装置の回路がショートし，さらに保護装置が作動したため，工場全体で10時57分より13時49分までの約3時間にわたる停電が起こった[29]。さらに，復旧作業を進めるために，18時51分より19時44分まで，1時

---

[27] 単純化すると，生乳を脂肪分とそれを除いた液体に分離した際の前者がバターであり後者が脱脂乳である。脱脂粉乳は脱脂乳を乾燥させたものである。バター，および脱脂（粉）乳の製造工程は生乳を液体と固体に分ける工程ととらえることができる。その意味ではチーズの製造工程と同じである。チーズの場合でいえば，生乳に酵素などを加えて凝固させた固体の部分と残った液体の部分（ホエイ＝乳清）に分ける作業が行われる。そのため，チーズの製造ラインで脱脂粉乳（バター）を製造することも可能となる。
　牛乳は液体のため輸送にコストがかかる。また，腐敗しやすく長期保存にはむかない。したがって，多くの乳業メーカーは必要な量の牛乳を出荷したのち，残った生乳を乳製品に加工している。特にバターと脱脂粉乳は長期保存が可能であり，乳製品や加工乳の原料としても利用できることから，生産調整や保存を目的として製造されることが多い。詳しくは小山・谷口（2007）を参照。
[28] 気象庁ウェブサイト（http://www.data.jma.go.jp/obd/stats/etrn/index.php，アクセス日：2010年8月7日）のデータによる。
[29] 通常の停電は電線の切断，落雷等を原因として起こる瞬間停電であり，せいぜい10分

図表 6-11　脱脂粉乳製造工程

①生乳受入 → ②分離 → ③熱殺菌 → ④濃縮 → ⑤乾燥 → ⑥検査 → ⑦出荷

間程度の計画停電があった。

　この結果，当時，脱脂粉乳の原料となる乳が製造工程の生乳分離工程（図表6-11中の②）において約3時間30分，ライン乳タンク（図表6-11中の④）において約10時間，温度管理がなされぬまま放置された。生乳分離工程では約20℃～30℃で，ライン乳タンクでは40℃で放置されたとみられる。そのため，乳中で黄色ブドウ球菌が増殖し，さらに，黄色ブドウ球菌が増殖する過程で毒素のエンテロトキシンが大量に産生した。

　復旧作業が完了した翌4月1日，大樹工場ではライン内に残存していた原料とライン自体が汚染されているとの認識がないまま，939袋（1袋25kg）の脱脂粉乳を製造した。この脱脂粉乳からは4月4日に行われた微生物検査で，その一部より1gあたり約9万8000個の一般細菌が検出された。これは雪印の社内基準である1gあたり9900個の約10倍の数値であり，厚生労働省の「乳及び乳製品の成分規格などに関する省令」（以下，乳等省令）に定められた脱脂粉乳の成分規格である1gあたり5万個の約2倍の数値であった。このため4月1日に製造された脱脂粉乳のおよそ半分の449袋が不合格となった。しかし，これらの不合格品は「仕掛品」として処理され，4月10日の脱脂粉乳製造の際に水に溶解し，生乳から製造された脱脂乳とおよそ1対1の比率で混合の上，使用された。

　4月10日製造の脱脂粉乳は，製造工程中で再び熱殺菌処理されたことにより，出荷前の微生物検査で一般細菌数は社内基準値以下，大腸菌群，黄色ブドウ球菌ともに陰性となった。こうして出荷基準をクリアした750袋が最終

程度で復旧することが一般的である。1時間以上の停電，ないしは機器が壊れるような停電はまれである。また，バックアップ電源は通常，瞬間停電でも影響を受ける工程に設置することが一般的であり，大樹工場の場合，事故以前からチーズの温度管理設備にバックアップ電源を設置していた。チーズの場合，製造が長期間に渡り，瞬間停電であっても品質に大きく影響を与えるためである。

第6章 「雪印」の2つの不祥事

製品として出荷された。そして6月20日，そのうちの278袋が大阪工場に搬入され，低脂肪乳，飲むヨーグルト毎日骨太，飲むヨーグルト・ナチュレの原料として使用された。

黄色ブドウ球菌は細菌であるため熱殺菌工程を経ることで死滅するが，食中毒の原因となる毒素のエンテロトキシンは熱に強い耐性をもつため，同工程を経ても活性を失うことはない。そのため，4月10日製造の脱脂粉乳には，毒素であるエンテロトキシンが残留してしまった。当時の脱脂粉乳製造ラインでは，一般細菌，大腸菌群，黄色ブドウ菌の検査は行っていたが，エンテロトキシンの検査は行っていなかっこともあり，現場では製品が毒素に汚染されているとの認識がなかった[30]。

以上が大樹工場における汚染脱脂粉乳の製造プロセスである。

このような事件の全体像がおおよそ明らかになった12月22日，雪印は「雪印食中毒事故に関する原因調査結果報告書」を発表した。また，12月25日には，大阪市が「雪印乳業集団食中毒事件の原因究明調査結果最終報告書」を発表した。さらに，2001年3月16日，大樹工場の元工場長，元製造課長，元製造課粉乳係主任が書類送検され，7月26日に業務上過失致傷罪で在宅起訴された[31]。

（2） 食中毒事件後の対応[32]

雪印乳業集団食中毒事件は，上述のような経緯でまさに社会問題化した。食中毒そのものの直接的な原因は製品の品質不良であった。また，事件が社会問題化した背景には，雪印の対応の不備，すなわち危機管理体制の不備が

---

30) 乳等省令では，当時も現在もエンテロトキシン検査を義務づけていない。なお，前述のように，雪印では乳等省令に定められていないが，粉乳類については独自の規程にしたがって黄色ブドウ球菌検査を実施していた。
31) 元製造課長は2002年1月に交通事故死したため，公訴が棄却された。
32) 脇田（2005），齋藤（2006），雪印乳業（2007），および2007年9月11日に行われた雪印乳業本社での，CSR推進室CSR推進グループ課長・足立晋氏（当時），商品安全保証室課長・齋藤健一郎氏（当時）へのヒアリングに基づく。

あったと考えられる。そのため雪印は事件発生直後からそれらに対する様々な再発防止策を講じている。

　食中毒事件後に雪印がとった主要な対応策は以下の3点でなる。

　第1に，安全性と品質にかかわる管理体制の強化である。事件以前，雪印には「品質の雪印」という言葉に象徴されるように，品質に対する強い自負があった。しかしながら，食中毒事件の原因究明が進む過程で，食中毒の再発防止のためには，それまでの安全管理，品質管理体制の不備を改める必要が生じた。そのための対策を講じたのである。

　代表的なものとしては，まず，雪印乳業品質保証システム（SQS：Snow Brand Quality Assurance System）の整備があげられる。これは，従来までのHACCP[33]，あるいはその他の品質管理，衛生管理の体制を見直して構築されたHACCP，ISO9001をベースとした雪印独自の品質保証システムであり，2001年4月から稼働している[34]。

　次に，各工場における出荷検査の強化があげられる。上述のように，2000年6月の食中毒は製品中にエンテロトキシンが残留したことによって起きたものであった。食中毒発生当時は，乳中の微量なエンテロトキシンを検出する技術は確立していなかったが，事件捜査の過程で大阪府立公衆衛生研究所の研究などにより，エンテロトキシンの検出および測定が可能となったため，2000年9月から全工場にエンテロトキシン測定機器を順次導入し，検査を行う体制を整備した。これらの体制整備は2000年中には完了している。

　これ以外では，研修体制の見直しがあげられる。食中毒事件以前，品質に関する研修は工場から選出された従業員を対象に集合研修方式，自己啓発方式で行われていた。また，研修の受講が各工場の判断に任されていた部分も

---

33) HACCPは1960年代にアメリカで宇宙食の安全性を確保するために開発された食品の衛生管理の手法で，国連食糧農業機関（FAO）と世界保健機構（WHO）の合同機関である食品規格（CODEX）委員会から発表された国際規格である（農林水産省HP：http://www.maff.go.jp/sogo_shokuryo/haccp_hp/sub1.htm，アクセス日：2010年8月7日）。

34) 現行のシステムが完成し，具体的な運用を始めたのは2003年4月である。

あり，必ずしも体系化されていなかった。しかしながら，事件後は内容，体系ともに大幅な見直しが行われた。具体的には，品質に関する教育は生産系の従業員だけでなく，全ての役員，従業員にとって必要であるとの考え方から，全役員・従業員を対象とする「品質保証研修」を実施することとした。「衛生教育」に関しては，工場ごとの個別対応方式から，食品衛生研究所による全社一括対応方式に変更した。「分析技術研修」については，事件後，新たにエンテロトキシン検査に関する項目を加えた。また，品質管理に関する社内認証制度を導入し，各工場の品質管理室検査員を「検査士」有資格者とした。

　第2に，危機管理体制の確立である。代表的なものに，2000年12月設置の全国一元管理された年中無休のお客様センターがある。食中毒事件前は，顧客からの製品クレームを全国6カ所で受けていた。さらに食中毒事件の際は，支社や工場などで個別にクレームを受けるという状況になっていた。このような体制では，ある製品の同一ロットにおける同内容のクレームを迅速に把握することが困難である。そこで，クレームに対して迅速な対応を可能にするために，全てのクレームを全国一元化されたお客様センターの窓口でうけることにした。

　併せて，品質事故の早期発見・対応のためにCTIシステムを構築した。これにより，お客様センターが顧客や工場，流通業者等から同一ロット製品に関して2件のクレームをうけた時点で「重大化予測」が行われ，重大化が予測された場合には速やかに事故対応が行われるようになった。

　また，2000年8月に，安全性の確保を目的として，商品安全監査室を社長直轄の組織として設置した。品質管理の徹底・強化と品質保証監査を実施している。これにより，お客様センターに集約された情報に基づいた迅速な対応が可能となった。さらに，各工場では，停電等の突発事故に対応するために，マニュアルの整備を行った。

　第3に，経営諮問委員会の設置である。これは2000年10月に企業風土の刷新と経営改革を行う目的で設置されたもので，外部の有識者[35]によって構

成されていた。計6回の会議を開催し，最終的に，①信頼回復・CSの推進・広報のあり方，②コーポレートガバナンス・IR・組織，③社内風土刷新・企業倫理の確立・法令遵守と危機管理，④事業領域と新しいマーケティングの方向性，⑤環境問題・社会貢献について提言し，2001年3月に解散した。

なお，これらの食中毒事件後の対応の大半は，事件発生からおよそ半年後には完成している[36]。

4．雪印食品牛肉偽装事件

（1） 雪印食品牛肉偽装事件の概要
1） 事件の背景[37]

2001年9月10日，農林水産省は千葉県で飼育されていた牛が牛海綿状脳症（いわゆる狂牛病，以下BSE）に感染していた疑いがあるとの発表を行い，省内にBSE対策本部を設置した。厚生労働省は，9月19日，月齢30カ月以上の牛についてBSE検査を実施することを公表した。その後，9月22日，農林水産省は千葉県で日本国内初のBSE感染牛が確認されたことを正式に発表した。これをきっかけに国内産牛肉のBSE感染が社会問題となった。

---

35) 石井法律事務所代表弁護士・石井成一，女性職能集団ワープ理事長・井上チイ子，明治学院大学教授・上原征彦（流通論・マーケティング戦略論），評論家・木元教子（女性問題等），中央畜産会副会長・中瀬信三，中央酪農会議副会長・西原高一，一橋大学大学院教授・野中郁次郎（組織論・経営戦略論）の各氏に加えて，西紘平雪印乳業代表取締役社長をそのメンバーとした。雪印乳業HP（http://www.snowbrand.co.jp/keiei/keiei_6.htm，アクセス日：2010年8月7日）による。

36) 雪印乳業集団食中毒事件をうけて，子会社である雪印食品も事件発生直後に全製造工程における安全性の再点検などの対応を実施した。また，2000年7月7日には，全従業員に対して「品質および衛生管理に関する当社の対応について」という文書を，取引先に対して「弊社の品質保証体制に関しましてのご報告」という文書を配布した。さらに，7月17日には新聞各紙に「製品の安全性確認のおしらせ」という社告を掲載した。詳しくは，雪印食品社史編纂実行委員会編（2000）を参照。

37) 神戸地判平成14・11・22　判タ1113・284，東京地裁判平成17・2・10　判時1887・135による。

マスコミによる連日の報道の影響もあり，牛肉の需要は国内産，外国産を問わず大幅に減少した。また，出荷された牛肉の返品も増加し，多くの食肉業者は牛肉の在庫を大量に抱えるようになった。

こうした状況を受け，消費者の国産牛肉への不安感・不信感を払拭するために，10月9日には，厚生労働省が10月18日以降に解体処理される全ての牛についてBSE検査（全頭検査）を行うと発表した。また，農林水産省は食肉業者に対してBSE検査未了の牛肉の出荷を見合わせるよう指導した。

しかし，そのような措置を講じると，17日以前に解体処理された国産牛肉の在庫を市場で売却できなくなる。また，こうした牛肉の市場での流通を防ぐ必要もある。したがって，農林水産省は農畜産業振興事業団法に基づく指定助成対象事業として，全頭検査開始前に解体処理された牛肉を市場から隔離することを内容とする「牛肉在庫緊急保管対策事業」を策定し，実施することとした。国の補助金を原資とした，業界団体による国産牛肉買取事業の実施である。10月26日には，農畜産業振興事業団に実施要領を通知し，10月29日には同事業にかかわる実施要綱を制定した。具体的には，全国農業協同組合連合会や日本ハム・ソーセージ工業協同組合[38]などの業界団体が事業実施主体となり，構成員である食肉業者から全頭検査前に解体された国産牛肉のうち，一定の要件を満たすものを買い上げ，冷凍保管する一方で，農畜産業振興事業団が各事業主体に対して買い上げ費用に相当する補助金を交付するという方法がとられた（図表6-12）。対象牛肉の限度数量は1万3000トンであった。

10月25日，日本ハム・ソーセージ工業協同組合は，組合員に対して牛肉在庫緊急保管対策事業に関する第1回説明会を実施した。ここでは事業全体の概要が説明された。10月30日，日本ハム・ソーセージ工業協同組合は第2回説明会を実施した。この説明会において，①牛肉在庫緊急保管対策事業により国産牛肉の買い取りを希望する組合員は対象牛肉の売渡計画書を11月6日

---

38) 1949年に設立された組織で雪印食品も組合員であった。

図表6-12 国産牛肉買取事業の概要

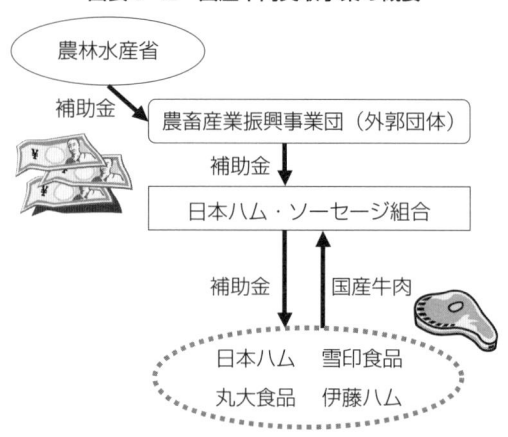

までに提出すること、②対象牛肉の買取価格は1キロあたり税込1114円で、売買契約終了時から2カ月後に1キロあたり700円が支払われ、残額は事業終了時に支払われること、③「と畜解体証明書」は不要で在庫証明だけで現品確認を行うことなどが伝えられた。

2) 雪印食品による偽装工作[39]

牛肉在庫緊急保管対策事業では、買取価格が経産牛肉や輸入牛肉より高く設定されていた上に、在庫証明だけで現品確認を行うことになっていた。これに加えて、牛肉の検査は農畜産業振興事業団職員数名による書類審査が中心で、一部で抽出検査が行われるだけという状況にあった。このため、食肉業界内には経産牛肉や輸入牛肉を国産牛肉と偽って売却している業者がいるという噂が広がっていた[40]。

他方で、雪印食品は親会社の雪印乳業が引き起こした集団食中毒事件の影響で2002年3月期連結業績予想を下方修正し、当期損益が26億3000万円の赤

---

39) 神戸地判平成14・11・22 判タ1113・284、東京地裁判平成17・2・10 判時1887・135による。
40) 実際、2002年8月6日には、業界最大手の日本ハムによる同様の事件が発覚した。農林水産省により設定された買取価格や検査体制自体がこうした不正を生みだす要因の1つであったといえよう。

字となることを発表した。こうした状況の中，雪印食品内部では，前述のような食肉業界の動向もふまえ，輸入牛肉を国産牛肉に偽装し不当に差益を獲得しようとする考えが強まった。こうして関西ミートセンター，本社ミート営業調達部，関東ミートセンターで偽装工作が行われた。以下，詳しくみてみる。

　関西ミートセンターでは輸入牛肉の在庫の増加とその処分に苦慮していた。センター長は食肉業界内の噂を聞き，関西ミートセンターでも同様の偽装工作をしたいと考えていた。10月26日，本社ミート営業調達部も同様の考えをもっていることを知り，センター長は，部下に対して牛肉在庫緊急保管対策事業についての説明を行った際に，輸入牛肉を国産牛肉と偽って買上対象として申請するよう指示した。偽装工作を行う場所には兵庫県西宮市の西宮冷蔵株式会社が選ばれ，10月31日に西宮冷蔵の倉庫において輸入牛肉を国産牛肉用の箱に詰め替える作業が行われた。さらに，11月17日には在庫数量調整のため，新たに約1480キロの輸入牛肉を国産牛肉用の箱に詰め替え，西宮冷蔵に搬入した。西宮冷蔵が日本ハム・ソーセージ工業協同組合に提出した在庫証明書に記載されていた国産牛肉約13万9668キロのうち，約1万3873キロが輸入牛肉であった。

　本社ミート営業調達部では，営業グループ課長がデリカハム・ミート事業本部長付部長，ミート営業調達部長に輸入牛肉の偽装工作を提案し，この提案が採用された。営業グループ課長は北海道茅部郡森町の道南雪印食品で偽装工作を行うことを決めた。11月1日，本社ミート営業調達部は輸入牛肉約1万2600キロを出庫し，11月2日に，道南雪印食品に国産牛肉として入庫させた。11月3日，道南雪印食品において国産牛肉用の箱への詰め替え作業が行われ，偽装された牛肉は11月5日に株式会社ニチレイ札幌西倉庫に国産牛肉として搬入された。ニチレイ札幌西倉庫が発行した札幌ミートセンター分を含む在庫証明書に記載されていた国産牛肉約2万9400キロのうち，約1万2600キロが輸入牛肉であった。

　関東ミートセンターでも輸入牛肉の不良在庫とその処分の問題を抱えてい

た。このため，センター長は在庫輸入牛肉を国産牛肉に偽装しようと考えていた。10月31日，センター長は部下に千葉県松戸市の有限会社木下商事において輸入牛肉を国産牛肉に偽装するよう指示した。11月2日から4日にかけて偽装工作が行われ，11月5日に，ニチレイ大井の冷蔵庫に国産牛肉として搬入された。ニチレイ大井が発行した在庫証明書に記載されていた関東ミートセンター分の国産牛肉約4万4454キロのうち，約3520キロが輸入牛肉であった。

11月6日，雪印食品は日本ハム・ソーセージ工業協同組合に社印を押印した売買契約書を送付し，対象牛肉27万9467.7キロに対し，代金を3億1132万7017円とする売買契約を締結した。2002年1月7日，日本ハム・ソーセージ工業協同組合から雪印食品に対して代金の一部として1億9562万7390円が支払われた。

3) 偽装工作の発覚[41]

2001年12月6日，朝日新聞社の記者が関西ミートセンター関係者に対して牛肉偽装の事実確認についての取材を行った[42]。同じ頃，西宮冷蔵の関係者に対しても同様の取材が行われた。その後も朝日新聞社の記者は西宮冷蔵の関係者に対して接触した。2002年1月中旬には毎日新聞社の記者も偽装工作の情報を把握し，1月22日，両社の記者は水谷洋一西宮冷蔵社長に取材を行った。また，同日，朝日新聞社の記者は雪印食品広報室にも事実確認を行う電話をかけている。最終的には，1月23日，西宮冷蔵の水谷社長によるマスコミへの告発をきっかけに，雪印食品がオーストラリア産輸入牛肉を国産牛肉と偽って，補助金を詐取しようとしたことが明らかになった。

同日11時30分，雪印食品の吉田升三社長は記者会見を行い，事実関係を全面的に認めた。また，事件発覚後，雪印食品は詐取しようとした金額ならび

---

41) 神戸地判平成14・11・22 判タ1113・284，東京地裁判平成17・2・10 判時1887・135，北海道新聞取材班（2002），水谷・水谷（2009）による。
42) 脇田眞常勤監査役（当時）によれば，これは待遇に不満を持つ雪印食品の従業員がリークしたものだった。詳しくは，脇田（2008）を参照。

に利息相当額のおよそ2億円を日本ハム・ソーセージ工業協同組合に返還した。事件の影響で業績が急激に悪化した雪印食品は，1月29日，吉田升三社長の退任と生肉事業からの撤退を発表した。しかし，社会からの批判は収まらず，雪印食品は2月22日の取締役会において4月末に臨時株主総会を開催し会社を解散することを決定し，同年4月30日に雪印食品は解散した。

子会社の不祥事の影響は，親会社である雪印乳業にも大きな影響を与えた。小売店では，再び雪印ブランドの商品が撤去され，雪印乳業の株価も急落した。この結果，雪印乳業は食中毒事件後に策定した再建計画の実施を断念し，3月28日，チーズ・バターなどの乳製品事業に特化し，市乳などの事業を分離・譲渡するという事業再編と西紘平社長ら役員全員の退任を含む新再建計画を発表した。

(2) 牛肉偽装事件後の対応[43]

牛肉偽装事件は雪印乳業本体による不祥事ではなく，子会社の雪印食品による不祥事であった。しかしながら，社会からは再び雪印が不祥事を起こしたととらえられ，雪印乳業は厳しい批判を浴びた。したがって，牛肉偽装事件後，雪印乳業としても様々な対応策を講じることになった。

牛肉偽装事件後に雪印のとった主要な対応策は以下の2点である。

第1に，企業倫理委員会の設置である。2002年6月，雪印は，消費者運動界の重鎮である全国消費者団体連絡会前事務局長の日和佐信子を社外取締役に迎え入れた。そして同時に，日和佐を委員長とする企業倫理委員会を設置した（図表6-13）。

企業倫理委員会は取締役会の諮問機関として位置づけられており，法令遵

---

[43] 岡田（2004），齋藤（2006），雪印乳業（2005）（2007），脇田（2005），2004年4月7日，2004年8月16日に行われた雪印乳業本社での，コンプライアンス部長・岡田佳男氏（当時）へのヒアリング，2006年7月27日に行われた雪印乳業本社での，社外取締役・日和佐信子氏，コンプライアンス部長・大久保龍朗氏（当時）へのヒアリング，および2007年9月11日に行われた雪印乳業本社での，CSR推進室CSR推進グループ課長・足立晋氏（当時），商品安全保証室課長・齋藤健一郎氏（当時）へのヒアリングに基づく。

図表6-13　開設時の企業倫理委員会委員（2002年6月21日～）

委員長	日和佐　信子	雪印乳業社外取締役・前全国消費者団体連絡会事務局長
社外委員	畔柳　達雄	兼子・岩松法律事務所弁護士
社外委員	田中　宏司	立教大学大学院教授・経営倫理実践研究センター主任研究員
社外委員	鈴木　紀子	前コープとうきょう理事品質管理部長
社外委員	五十嵐　英夫	元東京都立衛生研究所参事研究員
社内委員	岡田　晴彦	代表取締役副社長（第1回目のみ）
社内委員	山口　次男	常務取締役（第1回目のみ）

出所：雪印乳業HP（http://www.snowbrand.co.jp/report/documents/2002070501.htm，アクセス日：2010年8月7日）を基に作成。

守・品質・経営全般について，倫理的側面から"社外の目"による提言を行うことを目的としている。また，専門性の高い品質管理の問題に関しては品質部会という下部組織を設けている[44]。

2002年6月の発足から9月までの間に企業倫理委員会は4回，品質部会は3回それぞれ開催された。また，工場視察・従業員との対話が2回行われた。この過程で，企業倫理委員会からホットラインの積極的な活用を促すよう問題提起がなされた。さらに9月，企業倫理委員会は新しい企業行動基準の作成，商品表示の見直しを具体的に提案した。

食中毒事件後に設置された経営諮問委員会とは異なり，企業倫理委員会は現在も活発に活動を行っている。

第2に，企業倫理の制度化と浸透である。2002年6月，独立部署としての企業倫理室が設置された[45]。上述の企業倫理委員会からの提言をうけ，この企業倫理室が事務局となって，2002年9月から「雪印乳業行動基準」という倫理綱領の作成が開始された。

---

[44] 現在は，品質部会に加え，消費者部会，表示部会が設置されている。詳しくは，雪印メグミルク（2010）を参照。

[45] 企業倫理室の前身は2001年4月に総務部内に設置されたコンプライアンス事務局である。

作成にあたっては，まず役員・従業員およそ800人に対するヒアリングが行われた。ヒアリングの結果と企業倫理委員会での討議内容をふまえて第1次案がまとめられた。この第1次案を非正規を含む全従業員およそ2500人に配布して意見聴取したところ，1500通あまりの回答が寄せられた。そうした意見を取り入れつつ10数回におよぶ修正が加えられ，2003年1月に「雪印乳業行動基準」が完成した。

雪印乳業行動基準の作成後は，全国の事業所で説明会が実施された。さらに，その徹底のため，毎月職場単位で行動リーダー[46]を中心に，雪印乳業行動基準に基づいた研修が実施されている。研修では社内で作成されたオリジナルケースによる討論なども行われている。

牛肉偽装事件後にはホットラインの名称変更や従業員への周知徹底等の強化も行われている。ホットラインの名称は，企業倫理室の設置に伴い，それまでの「コンプライアンス事務局ホットライン」から「企業倫理ホットライン」に変更された。また，それまではホットラインの認知度が低く，したがって利用率も低かったため，前述の企業倫理委員会からの問題提起をうけ，2002年8月に「ホットラインの活用促進のお願い」という文書を社内に掲示するとともに，社内での説明会を実施している[47]。この結果，2003年8月に実施した社内アンケートではホットラインの認知率は86%，2004年3月のアンケートでは94%となった。

さらに，2003年10月には，グループ企業の従業員全員が利用できる「スノーホットライン」を「企業倫理ホットライン」と併設する形で新設した。スノーホットラインは社外に設けられており，グループ企業の従業員だけでなく，雪印乳業の従業員も利用することができる。

以上が主要な対応である。このように，牛肉偽装事件後の雪印の対応は基

---

[46] 雪印企業行動基準の浸透・定着を目的として職場単位で設けられた倫理・コンプライアンス推進員。現在はCSRリーダーと呼ばれている。
[47] ホットラインについての従業員の認知率は1割にも満たなかったという。詳しくは，岡田（2004）を参照。

本的には企業倫理委員会の提言をうけてのものであることがわかる。また，現在でもそれらの活動は継続されている。

5．小括

　以上，本章では，「雪印乳業集団食中毒事件」，および「雪印食品牛肉偽装事件」における事実関係と，その事実関係を理解するために必要な情報を整理し，両事件後に雪印がそれぞれ講じた対応策についての確認を行った。
　雪印乳業は1万3420名にもおよぶ被害者を出した集団食中毒事件により社会からの信頼を失い，売上が激減するなど，会社として大きなダメージを受けた。
　その後，雪印乳業は「企業風土の刷新」「品質保証の強化」「平成14年度黒字化に向けて」という3つの施策からなる「雪印再建計画」を策定した。
　しかし，再建計画が緒についた2002年1月，雪印食品による牛肉偽装事件が発生し，雪印は再び社会からの強い批判にさらされた。事件を起こした雪印食品は存続を断念し，雪印乳業も会社存亡の危機に陥った。結果として，雪印乳業は市乳部門やアイスクリーム部門などを分離・分割し，バター・チーズの製造会社として，事件前のおよそ1／5規模で再出発せざるを得なくなった。
　なぜ雪印は会社の存亡にかかわるような不祥事を短期間に二度も引き起こしてしまったのだろうか。なぜソーシャルイシューの認識に失敗してしまったのだろうか。その点について，次章では詳細に検討していく。

第 6 章 「雪印」の 2 つの不祥事

参考資料 6-1　全社員に告ぐ（社長訓示）

　今回東京都における学童給食に際し発生した八雲工場の脱脂粉乳による中毒問題は，当社の歴史上未曾有の事件であり，当社三十年の光輝ある歴史に拭うべからざる一大汚点を残したものである。この影響するところきわめて大であり，消費者の信用を失墜し，脱脂粉乳はもとより他のすべての製品の販路にも重大なる影響を及ぼし，生産者に大なる不安を与え，監督官庁にも尠なからず迷惑を及ぼしたのである。これはまさに当社に与えられた一大警鐘である。

　人類にとって最高の栄養食品である牛乳および乳製品を最も衛生的に生産し，これを豊富に国民に提供することが当社の大なる使命であり，また最も誇りとするものであるが，この使命に反した製品を供給するに至っては当社存立の社会的意義は存在しないのである。この使命達成は決して容易なことではない。しかし事務と技術の如何を問わず，全社員が真にこの使命観に徹し，全社的立場において物を考え，おのおのの職責を正しくかつ完全にこれを果し，会社を愛する熱情に燃えて相協力し，他の足らざるところを互いに相扶け，相補い合い，絶えず工夫し研究して時代の進運に遅れないように努力するならば決して不可能ではない。

　当社の事業において一人の怠るものがあり，責任感に欠ける者がある場合，それが社会的にいかなる重大事件を生じ，社業に致命的影響を与えるものであるかは，今回の問題が何よりも雄弁に物語っている。多数農家の血と汗の結晶である牛乳が多くの資材と労力を費して製品化されるのであるが，一人の不注意によってこれを焼却し，あるいは廃棄しなければならぬ結果を生ずるのである。

　牛乳および乳製品は人類にとって最も栄養に富む食品であると同時に細菌にとってもまた理想的な栄養物であり，通常の殺菌工程においては全細菌は死滅するものではないから，これが保存温度を誤れば忽ち短時間にして再度無数に繁殖するものである。したがって工場と市場を問わず，常にその保存と取扱に細心の注意を払わなければ直ちに品質は汚染され，変質するのであるから常に周到な管理が必要である。適切な殺菌と急速かつ適度の冷却が優良な製品を造り上げる最大の鍵であり，市場における細心の管理が品質保全の絶対要件である。この協力があってはじめて製品の信用と声価を高めることができるのである。この協力の責任を果さずして他に責任を転嫁することは許されない。信用を獲得するには長年月を要し，これを失墜するのは一瞬である。そして信用は金銭では買うことができない。当社の生命は品質であり，品質は信用を維持し当社を繁栄させ，社員の生活を安定せしめる最大の要素である。いかなる近代設備も優秀なる技術と最新の注意無くしては，一文の価値をもあらわさないばかりでなく，却って不幸を招く大なる負担である。

　機械はこれを使う人によって良い品を生産し，あるいは不良品を生産する。そして人間の精神と技術とをそのまま製品に反映する。機械はこれを使う人間に代って仕事をするものであり進んだ機械ほど敏感にその結果を製品にあらわすのである。今回発生した問題は当社の将来に対して幾多の尊い教訓をわれわれに与えている。これを単に一工場の問題として葬り去るには余りにも犠牲は大きく当社の社会的責任は大である。この名誉を回復するためには八雲工場のみの努力では不可能である。この問題を徒らに対岸の火災視することなくおのおのの尊い反省の資料としてこれを受入れ，全員が一致団結し真に謙虚な気持ちに立帰り，いよいよ技を練り職務に精励し，誠意と奉仕の精神とをもって生産者と顧客に接する努力を続けるならば，必らずや従来の信用を取戻すことができるばかりでなくますます将来発展への契機となることを信じて疑わない。

　諸君が若し会社と運命を共にする決意があるならば，必ず私のこの心からの願いを諸君の心として社業に専念せられることを信じ，あえてこれを全社員の心に訴える次第である。

出所：雪印乳業史編纂委員会編（1961），pp.105-106。

参考資料6-2　雪印集団食中毒事件の経緯

月日	雪印乳業	その他
2000年 6月27日	・西日本支社に和歌山県の消費者より最初の苦情が入る	・市内病院医師より保健所に最初の届出
6月28日	・札幌市内において株主総会を開催 ・2件目の苦情が入る ・西日本支社で緊急品質管理委員会が開かれ，対策を協議 ・西日本支社において2回目の緊急品質管理委員会が開かれたが，製造見合わせの結論は出ず ・分析センター（埼玉県川越市）に製造保存サンプル，原材料および回収製品を搬入	・保健所が大阪工場を立入調査 ・保健所と生活衛生課が3件の有症苦情の内容と立入調査結果をもとに今後の対応を協議 ・大阪工場に対し製造自粛，回収および社告を指示
6月29日	・委員会を開催し，製品の自主回収を決定するが公表は先送りにする ・自主回収開始 ・30日朝刊に社告を出すことを決定 ・記者会見（西日本支社が意思決定の遅れについて）	・保健所が大阪工場を立入調査
6月30日	・全国紙朝刊にお詫びと回収を知らせる社告を掲載 ・消費者から抗議と問い合わせが殺到 ・自社検査で逆流防止弁の乳固形分から黄色ブドウ球菌を検出	
7月1日	・記者会見（製造工程のバルブから黄色ブドウ球菌を検出）	
7月2日	・記者会見（営業禁止処分，毒素検出の理由，洗浄期間，被害者補償）	・保健所が大阪工場の営業禁止を命令 ・大阪府報道発表（大阪府立公衆衛生研究所において飲み残し品から黄色ブドウ球菌エンテロトキシンA型を検出）
7月4日	・全国紙朝刊にお詫びと回収を知らせる社告の掲載 ・回収命令による4製品以外に大阪工場で製造された55製品全て自主回収を決定（計59製品86品目）	・保健所が雪印乳業に回収命令書を交付（6月21日以降に製造された「低脂肪乳」「カルパワー」「毎日骨太」）
7月6日	・記者会見（石川社長の引責辞任と大阪工場閉鎖の方針）	
7月11日	・記者会見（市乳部門の21工場を操業停止して安全確認を実施）	
7月14日		・厚生省が大阪工場の総合衛生管理製造過程（HACCP）の承認取り消し

第6章 「雪印」の2つの不祥事

月日	雪乳乳業	その他
7月28日	・石川社長辞任，新社長に西紘平	
8月2日		・厚生省が大阪工場を除き安全宣言
8月18日	・記者会見（大樹工場製造分脱脂粉乳の調査結果について）	・大阪府警から保健所に「低脂肪乳等の原料として使用されていた雪印乳業大樹工場製造の脱脂粉乳から黄色ブドウ球菌エンテロトキシンA型が検出された」旨の通知 ・報道発表（大樹工場製造分脱脂粉乳の検査結果について）
8月19日	・大樹工場が操業を自主停止	・北海道が工場を立入調査
8月23日		・北海道も同工場製造脱脂粉乳から毒素を検出 ・帯広保健所が大樹工場を無期限営業禁止処分に
8月30日	・大阪府警が業務上過失傷害の疑いで雪印乳業本社と西日本支社を捜索	
9月1日	・記者会見（大樹工場製造脱脂粉乳の全量廃棄と販売中止，自工場内での使用中止及び今後の大樹工場での脱脂粉乳の製造中止について）	
9月8日		・大阪府警が大樹工場を捜査
9月26日	・記者会見（雪印乳業が2002年度末までに従業員の20%（約1300人）削減などを含む再建計画を発表）	
10月13日		・北海道は大樹工場の改善状況を確認し，営業禁止処分解除
10月14日	・大樹工場が操業再開	
11月21日	・雪印乳業が株式上場以来初の赤字を発表（経常損益224億円）	
12月20日		・厚生省と大阪府の合同専門家会議が，食中毒の原因を大樹工場製造の脱脂粉乳と断定（食中毒患者数は13,420人と発表）
2001年1月31日	・大阪工場を閉鎖	

出所：大阪市環境保健局（2001），pp.6-37，北海道新聞取材班（2002），pp.317-320を基に作成。

参考資料6-3　雪印食品牛肉偽装事件の経緯

月日	雪乳食品・雪印乳業	その他
2001年 9月10日		・農水省が千葉県でBSE感染の疑いがある牛を発見と発表
9月19日		・厚労省が月齢30カ月以上の牛のBSE検査実施を発表
9月22日		・農水省が日本初のBSE感染牛確認を正式発表
10月9日		・厚労省が10/18以降解体される牛についてBSE検査（全頭検査）実施を発表
10月26日	・関西ミートセンター長が部下に輸入牛肉の国産牛肉への偽装工作指示	・農水省が農畜産振興事業団に国産牛肉買取事業の実施要領通知
10月31日	・関西ミートセンターが西宮冷蔵で偽装工作 ・関東ミートセンター長が部下に輸入牛肉の国産牛肉への偽装工作指示	
11月2日	・関東ミートセンターが木下商事で偽装工作（～4日）	
11月3日	・本社ミート営業調達部が道南雪印食品で偽装工作	
11月17日	・関西ミートセンターが在庫調整のため偽装牛肉を西宮冷蔵に搬入	
12月6日	・関西ミートセンター関係者が朝日新聞から取材	・西宮冷蔵が朝日新聞から取材
2002年 1月7日	・日本ハム・ソーセージ工業協同組合から代金の一部入金	
1月22日		・水谷西宮冷蔵社長が朝日新聞，毎日新聞から取材
1月23日	・吉田社長が記者会見で事実関係認める	・水谷西宮冷蔵社長が牛肉偽装をマスコミに告発
1月29日	・吉田社長退任，生肉事業撤退を発表	
2月22日	・取締役会において4月末の会社解散を決定	
3月28日	・雪印乳業が乳製品事業以外の分離・譲渡と全役員の退任を発表	
4月30日	・雪印食品解散	

出所：神戸地判平成14・11・22　判タ1113・284，東京地裁判平成17・2・10　判時1887・135，北海道新聞取材班（2002），水谷・水谷（2009）を基に作成。

第7章

事例分析：
ソーシャルイシュー認識の陥穽

1．はじめに

　本章では，前章で取り上げた雪印の事例を用いて，ソーシャルイシュー認識の困難性について分析していく。

　具体的には，雪印が引き起こした2回の不祥事後の対応策を比較分析することにより，企業がソーシャルイシューを認識する際の陥穽について明らかにする。「なぜ，雪印は2回目の不祥事を防げなかったのか」，さらに，「なぜ，1回目の不祥事後の対応策が2回目の不祥事の防止につながらなかったのか」という問いに答えることが本章の目的となる。

　次節では，両事件後に雪印がとった対応について明らかにし，対応の比較分析を行う。第3節では，比較分析からイシューマイオピアという概念を導出する。第4節では，導出されたイシューマイオピアの概念を検討する。

2．雪印における両事件後の対応の分析

　本節では，「1回目の事件以降（2000年6月－2002年1月）の雪印の取り組み（図表7-1の①に相当）」と，「2回目の事件以降（2002年2月－）の雪印の取り組み（図表7-1の②に相当）」の比較を行う（図表7-1）。

　図表7-1に示したように，2回の事件の間には1年半の期間がある。前

図表7-1 比較分析の対象

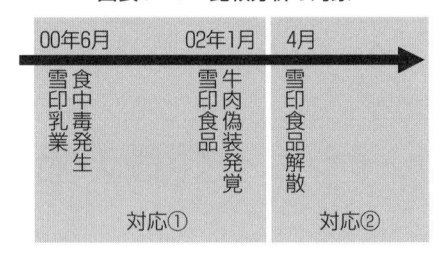

00年6月	02年1月	4月
雪印乳業食中毒発生	牛肉偽装発覚雪印食品	雪印食品解散
対応①		対応②

章でみたように，雪印はその1年半の間に食中毒事件を契機として様々な対応策を展開している。さらに，2回目の不祥事である牛肉偽装事件の後にも雪印は様々な対応策を展開している。しかしながら，短期間に2回の不祥事を引き起こしたため，実際には，これまで①における雪印の対応に関してはあまり注目されてこなかった。そこで，本書では雪印の行った様々な対応策を①と②に分け，②と対比する形で①における雪印のソーシャルイシュー認識の特徴を抽出することとした。この比較分析を通して，「なぜ，1回目の事故以降の雪印の取り組みが2回目の不祥事の防止策として機能しなかったのか」について検討を試みる。なお，以下の記述は雪印乳業に対する7回のヒアリング調査を基にしている[1]。同時に，関連する2次資料の収集も行っている。

(1) 食中毒事件後の対応と牛肉偽装事件後の対応

すでに述べた食中毒事件後と牛肉偽装事件後の雪印の対応を，改めて簡単に確認しておこう。

食中毒事件後に雪印がとった主要な対応策は以下の3点であった。

第1に，安全性と品質の管理体制の強化である。代表的なものとしては，

---

1) 筆者は，北海道大学大学院経済学研究科谷口勇仁教授とともに，雪印の一連の事件やその後の対応について調査するために，雪印に継続的にヒアリング調査を行ってきた。そのため，ここでは本章に関連する情報を得たヒアリングの日時のみを示す。雪印乳業本社：2004年4月7日，8月16日，2006年7月27日，2007年2月16日，9月11日，北海道大樹工場：2004年9月27日，北海道中標津工場：2007年3月13日。

まず，雪印乳業品質保証システムの整備があげられる。また，食中毒は製品中に黄色ブドウ球菌が産生する毒素であるエンテロトキシンが残留したことによって発生したため，全工場にエンテロトキシンの測定機器を導入し，検査体制を整備した。

第2に，危機管理体制の確立である。代表的なものに，2000年12月設置の全国一元管理された年中無休のお客様センターがある。また，商品安全監査室を設置したほか，各工場では，停電等の突発事故に対応するために，マニュアルの整備を行った。

第3に，経営諮問委員会の設置である。これは2000年10月に企業風土の刷新と経営改革を行う目的で設置されたものである。外部の有識者により構成され，6回の会議を開催し，①信頼回復・CSの推進・広報のあり方，②コーポレートガバナンス・IR・組織，③社内風土刷新・企業倫理の確立・法令遵守と危機管理，④事業領域と新しいマーケティングの方向性，⑤環境問題・社会貢献という5つの提言を行い，2001年3月に解散した。

他方，牛肉偽装事件後に雪印のとった主要な対応策は以下の2点であった。

第1に，企業倫理委員会の設置である。2002年6月，雪印は，全国消費者団体連絡会前事務局長の日和佐信子を社外取締役に迎え，日和佐を委員長とする企業倫理委員会を設置した。"社外の目"により，企業行動基準の作成，企業倫理ホットラインの活用，商品表示の見直し等を提言した。同委員会は現在も活動を継続中である。

第2に，企業倫理の制度化と浸透である。雪印は2002年9月から「雪印乳業行動基準」という倫理綱領の作成した。完成後は，「雪印乳業行動基準」を用いて毎月職場単位で研修を行っている。また，牛肉偽装事件後にはホットラインの名称変更や社員への周知徹底等の強化を行っている。こうした対応策は企業倫理委員会の提言をうけてのものであり，現在もその活動が継続されている。

以上の食中毒事件以降の対応策と偽装事件以降の対応策を整理したものが図表7-2である。

図表7-2　両事件以降に雪印がとったそれぞれの対応策

食中毒事件以降の対応策	牛肉偽装事件以降の対応策
(1) 安全性と品質管理の強化（2000年12月～） ・雪印乳業品質保証システムの整備 ・出荷検査の強化 (2) 危機管理体制の確立（2000年12月～） ・全国一元化されたお客様センターの設置 ・商品安全監査室の設置 ・突発事故対応マニュアルの整備 (3) 経営諮問委員会の設置（2000年10月～01年3月） ・企業風土の刷新と経営改革を目的（外部の有識者によって構成）	(1) 企業倫理委員会の設置（2002年6月～） ・社外取締役に日和佐信子を招聘し，委員長に任命 ・法令遵守・品質・経営全般について，倫理的側面から「社外の目」による提言を行う ・企業行動基準の作成，企業倫理ホットラインの活用，商品表示の見直し等の提言を行う (2) 企業倫理の制度化と浸透（2002年6月～） ・「雪印乳業行動基準」という倫理綱領を社員のヒアリングやアンケートに基づき半年間かけて作成（完成後は社内倫理研修等で活用） ・企業倫理ホットライン（内部通報制度）の強化

（2）　比較分析

　第6章ならびに図表7-2で示した両事件への雪印の対応から，以下の2つの特徴が明らかになる。なお，以下では，食中毒事件以降に雪印がとった対応策を「1回目の対応策」，牛肉偽装事件以降に雪印がとった対応策を「2回目の対応策」とよぶ。

　第1の特徴は，取り扱うイシューの範囲と対象となる部門に関する点である。食中毒事件後にとられた雪印の1回目の対応は，製品の品質と安全性の向上，ならびに危機管理体制，とりわけ顧客対応システムの構築に特化している。また，そうしたイシューに対応するため，対応の主体も製造部門と本社スタッフ部門に限定されていることがわかる。

　実は，食中毒事件直後の2001年4月，雪印は広範なソーシャルイシューへの対応の手がかりとなる倫理綱領を外部のコンサルタント会社に委託して作成している。「雪印行動憲章2001」と「雪印行動指針」の2つである[2]。し

かしながら，当時の雪印においては品質管理と危機管理の強化が対応策の中心だったため，この倫理綱領は従業員に配布されたものの，積極的に活用されることはなかった。

これに対して，牛肉偽装事件後の2回目の雪印の対応は，ホットラインの強化，製品表示の改善など，非常に広範なソーシャルイシューに対処している。牛肉偽装事件後に新たに作られた「雪印乳業行動基準」という倫理綱領についても，全社的な意見をふまえて作成し，完成した「雪印乳業行動基準」を実際に用いて研修を行うなど，ソーシャルイシュー全般について全社的に取り組んでいる様子がみて取れる。

第2の特徴は，事件後に具体的な対応を始めるまでの時間幅という点である。食中毒事件の際は，ほとんどの対応策が事件直後には検討されはじめ，半年以内に完成している。また，基本的には，この時の取り組みは雪印主導でなされている。食中毒事件後に発足した経営諮問委員会も半年間で集中的に議論を行い，解散している。

他方，牛肉偽装事件の際は，事件そのものが子会社による補助金の不正取得という犯罪行為だったこともあり，社会からは「雪印は倫理感のない会社だ」「企業体質に問題がある」など抽象的なレベルで非難された。そのため，雪印社内においては，会社として具体的にどのような対応策を構築すればよいのかがよくわからなかったとされる[3]。この結果，基本的に雪印は事件から半年たった後に出された企業倫理委員会の提言にしたがって具体的な対応策の検討や実施を進めている。したがって，このときの取り組みは，外部委員からなる企業倫理委員会主導でなされているとみることができる。また，対応すべきイシューが広範囲にわたることもあり，企業倫理委員会は現在も活動を継続している。

---

2) 経営企画室によるブランドプロジェクトの一環として作成され，2001年4月に発行された。しかしながら，ほとんど活用されることはなく，当時の雪印の諸施策の中でもあまり注目されることがなかった。
3) 岡田佳男コンプライアンス部長（当時）へのヒアリングより（2004年8月16日，雪印乳業本社）。

図表7-3　分析結果

	1回目の対応（食中毒事件後）	2回目の対応（牛肉偽装事件後）
対応したイシュー	・品質管理と危機管理という2つのイシューに特化した対応	・虚偽申請に限らない広範なイシューに対応
対応した部門	・製造部門と本社スタッフという限定した部門での対応	・子会社も含めた全社での対応
対応の時間幅	・短い（迅速な対応）	・長い（時間のかかる対応）
対応の姿勢	・製品の事故は製品で償う	・三度目はない

　要約すると，図表7-3に示したように，1回目の雪印の対応は，「2つのイシュー」に，「限定した部門」において，「迅速」に対応していたととらえることができる。他方，2回目の雪印は，「広範なイシュー」に，「子会社を含む全社」において，「長期にわたって」対応しているととらえることができる。

　このようにとらえると，食中毒事件後，雪印は何もしていなかったのではなく，特定のイシューへの対応に奔走していたことが明らかになる。この点については，雪印がこの時点での努力の方向性を「製品の事故は製品で償う」，つまり，「もう二度と同じ事故は起こさない」というものだったと述べていることからも示唆できる[4]。こうした，「特定のイシューのみに対応していた」可能性は，従来の議論では必ずしも指摘されてこなかった。

　これに対し，牛肉偽装事件後の2回目の雪印の対応は広範なイシューに対応している。雪印へのヒアリング調査によると，この時点での努力の方向性は「三度目はない」であった。「もう1回不祥事を起こしたら，それが何であれ，今度こそ間違いなく会社はつぶれるだろう」という意味である。

---

[4]　岡田佳男コンプライアンス部長（当時）へのヒアリングより（2004年4月7日，雪印乳業本社）。

3．ソーシャルイシュー認識における陥穽

　前節での分析を基に，ここでは，このような雪印にみられる現象を一般化した，イシューマイオピアという概念を用いて企業におけるソーシャルイシュー認識の特性についての検討を試みる。

　マイオピア（myopia）とは，「近視眼的なこと，洞察力の欠如」を意味し，「物事や状況をを狭くとらえてしまう現象」と理解される場合が多い。ここでは，イシューマイオピアを「企業が特定のソーシャルイシューのみを認識してしまう現象」と定義づけることにしよう[5]。この現象に陥ると，結果として，企業は他のソーシャルイシューに注意を払わなくなる。一般に企業は社会から多種多様なソーシャルイシューへの対応を期待される。しかし，イシューマイオピアに陥っている企業はそのうちの特定のソーシャルイシューしか認識できなくなる。したがって，対応もまた特定のソーシャルイシューに限定される。つまり，企業はソーシャルイシューを限定的に認識して理解し，その結果，ステイクホルダーからの多様な期待を見逃してしまうことになる（図表7-4）。

　イシューマイオピアの概念を食中毒事件後における雪印の対応の事例に適用すると，以下のように説明できる。社会が雪印に対して期待しているソーシャルイシューへの認識と対応は，社会が想定する多種多様なソーシャルイシューを雪印が全て認識し，なおかつそれら全てに対応するというものである。しかし，現実の雪印は，イシューマイオピアに陥り，社会が想定する多

---

[5] 企業経営にかかわる「マイオピア」としては，Levitt (1960) による「マーケティングマイオピア」(Marketing Myopia) が有名である。これは，企業が自社のマーケティング上の使命を狭く解釈しすぎて変化への対応力を失い，市場機会を逃してしまうことをいう。Levitt は，マーケティングマイオピアの例として，アメリカにおける鉄道会社の衰退をあげ，鉄道会社が衰退した原因は，自社事業を「鉄道事業」とし，「輸送事業」ととらえなかったことにあるとしている。鉄道会社は，顧客のニーズが「輸送手段」であることに気づかなかったため，代替手段である自家用車での移動，トラック輸送，航空機輸送，電話の出現によって衰退してしまったのである。

図表7-4 ソーシャルイシュー認識の際の陥穽

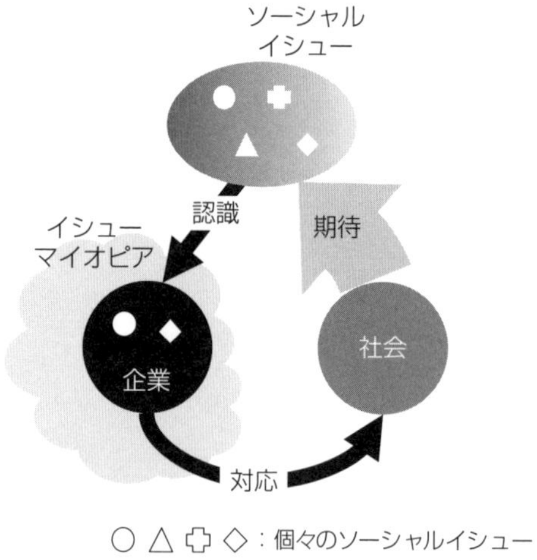

○ △ ✚ ◇：個々のソーシャルイシュー

種多様なソーシャルイシューの一部しか認識できなくなってしまった。この結果，対応したソーシャルイシューも品質管理と危機管理にかかわるものに限定されてしまったというものである。

　ところで，本書では，「食中毒」と「虚偽申請」という性質の異なる事件を取り上げ，それぞれの事件後の雪印の対応策を比較分析した上で，イシューマイオピアという概念を導出している。そもそも両者は性質の異なる事件であるため，それぞれの対応策を比較することに対する違和感が生じるかもしれない。そこで以下では，イシューマイオピアの提示に伴って生じるであろう，こうした疑問について検討する。

　第1の疑問は，対応策の違いに関するものである。具体的には，2つの事件は性質の異なるものであるのだから，食中毒事件後に雪印がとった対応策と，牛肉偽装事件後に雪印がとった対応策が「異なる」のはあたりまえではないのか，というものである。この第1の疑問に対する回答は以下の通りである。

　本書では，対応策の具体的な違いではなく，事件とその後の対応策との関連性が強いか弱いかに着目している。関連性の強弱の程度から，遡及的にイ

シュー認識の広さ（狭さ）の違いを明らかにしようとしているのである[6]。つまり，事件後の対応策が事件と関連性の強いものに特化しているか否かでマイオピアの存在を判断している。

　仮想的ではあるが，雪印が1回目に引き起こした不祥事が牛肉偽装事件であった場合を考えてみよう。このケースで雪印がイシューマイオピアに陥った場合，雪印は「虚偽申請に特化した対応」に奔走することが想定される。しかし，現実の雪印における牛肉偽装事件後の対応策はそれとは異なる。商品表示の改善という虚偽申請との関連性が弱い対応策までとられている[7]。

　このように考えると，イシューマイオピアは，強度としてとらえることも可能である（図表7-5）。今回の食中毒事件を非常に狭くとらえれば，エンテロトキシンが原因となって生じた食中毒であるため，再発を防止するためにはエンテロトキシン検査機を大樹工場に整備することで問題は解決する。もう少し問題を拡大して考えれば，全工場にエンテロトキシン検査機を整備

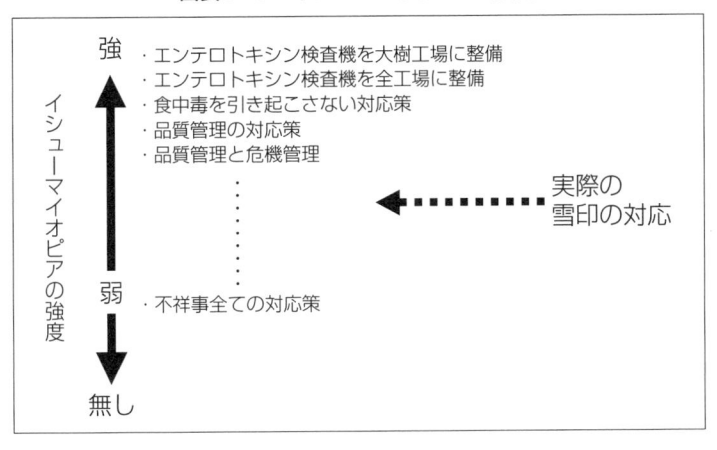

図表7-5　イシューマイオピアの強度

イシューマイオピアの強度

強
・エンテロトキシン検査機を大樹工場に整備
・エンテロトキシン検査機を全工場に整備
・食中毒を引き起こさない対応策
・品質管理の対応策
・品質管理と危機管理
　　　　　　　　　　　← 実際の雪印の対応
弱
・不祥事全ての対応策
無し

---

6) 企業のイシュー認識そのものを把握することは難しいため，企業の行動からイシュー認識を類推しているのである。
7) 例えば，雪印は企業倫理委員会の提言に基づき，チーズ，バターなどといった製品のパッケージデザインを消費者にとって分かりやすいものに変更した。これは虚偽申請に基づく補助金の詐取とはあまり関連性がない。

するという行動をとることが想定されるであろう。さらには，エンテロトキシンを原因とした食中毒のみならず，他の原因による食中毒事件を引き起こさないための対応策を講じる必要性を感じるかもしれない。このように，本書では，事件の性質の違いにかかわらず，事件後（問題発生後），企業がどの範囲まで対応策を講じたのかによって，その企業がどのようなソーシャルイシューを認識したのかを判断しているのである。

第2の疑問は，不祥事の防止に関するものである。具体的には，2つの事件は性質が異なるものであり，食中毒事件後にとった雪印の食中毒事件再発防止策が，牛肉偽装事件発生の「防止につながらない」のはあたりまえではないか，というものである。この疑問に対する回答は以下の通りである。

このような疑問は，企業側の視点に立てば確かに成立しうる。そもそも食中毒事件と牛肉偽装事件は，原因，発生場所，現象とも全く異なる別の事件である。そのため，当然のことながら，食中毒事件の再発防止策と牛肉偽装事件の間に関連性はみられない。しかしながら，社会側の視点に立てば，両事件とも雪印が社会に対して与えた負のインパクトである。したがって，両事件ともに雪印による「不祥事」としてひとくくりにされることは想像に難くない。実際に，当時の新聞各紙では，次のような報道がなされている。

「狂牛病を逆手にとった卑劣な行為」。雪印食品の関西ミートセンターで，23日に発覚した国内産牛肉偽装問題。狂牛病の発生で大きな打撃を受けた牛の生産者や食肉業界からは「またも消費者の信用をなくしてしまう」「こんな形で制度が悪用されるなんて信じられない」と怒りと困惑の声があがった。雪印食品は，ミートセンター長の独断行為とした上で，「心よりおわび申し上げます」と謝罪したが，一昨年6月に起こった雪印乳業の集団食中毒事件に続き，再び「雪印ブランド」の企業倫理が厳しく問われそうだ（『読売新聞』（大阪夕刊）2002年1月23日）。

2000年6月の雪印乳業の集団食中毒事件に続き，国民的な関心事であ

る狂牛病問題に絡み，同社子会社の雪印食品が輸入牛肉を国産牛肉に偽装する不祥事が発覚した。信頼回復のよすがとなる「コンプライアンス（順法）」の精神は根付かなかった。

　雪印食品の吉田升三社長は，親会社の雪印乳業取締役から昨年6月に就任したばかり。同年9月に国内初の狂牛病が発生した直後も，「企業のリスク管理は乳業時代に身をもって知った。社内で一元化して取引先や消費者に発信する情報にはぶれがなく，食品の製品の信頼につながっている」と強調していた。

　雪印グループでは，乳業の西紘平社長が先頭に立ち，経営会議で消費者から寄せられた生の声に耳を傾けるなど取引先と消費者の信頼回復を経営の最重要課題としてきた。しかし「信頼回復には10年はかかる」（西社長）というほど，牛乳などの主力製品の回復力は鈍い。

　牛乳が事件前の6割程度しか回復せず，雪印乳業は事件前に6400人いた社員を4000人に削減するなどリストラ策の強化に追い込まれた。口蹄（こうてい）疫，狂牛病でさらにグループ業績の足を引っ張っていた食品の不祥事の影響は小さくない（『日本経済新聞』（夕刊）2002年1月23日）。

　あの雪印がまた――。狂牛病対策で国の助成制度を悪用し，雪印食品が輸入牛肉を国内産と偽って買い取らせた事件。舞台となった同食品関西ミートセンター（伊丹市鴻池），西宮冷蔵（西宮市西宮浜3丁目）には23日，保健所などの職員が訪れ，社員らは対応に追われた。雪印食品の東京本社では社長が謝罪したものの，一昨年にあった親会社の雪印乳業の集団食中毒事件に続く不祥事に，スノーブランドに対する不信感が再び広がった（『朝日新聞』（兵庫1版）2002年1月24日）。

　これは，一見すると，マスメディアの安易な報道に扇動された社会のヒステリックな企業批判のようにとらえられる。「雪印は不祥事を2回も引き起

こした」というように，不祥事をひとくくりにすること自体が間違っているともいえる。したがって，こうした疑問の背後には，牛肉偽装事件が発生した際に，2回目の不祥事として雪印を批判することは，非論理的であり，間違っているのだという主張が隠されている。これは極めて冷静な主張であり，それなりの説得力をもっているようにもみえる。だが，問題はそれほど単純ではない。

　雪印の食中毒事件はエンテロトキシンという毒素を原因とするものであった。仮に，この事件の後に，雪印がウイルスを原因とする食中毒を引き起こした場合，これは，同じ不祥事といえるのだろうか，それとも異なる不祥事とみるべきなのであろうか。上記の主張にしたがえば，毒素を原因とする食中毒と，ウイルスを原因とする食中毒は，性質が異なる事件であるため，毒素を原因とする食中毒事件後にとった雪印の対応策が，ウイルスを原因とする食中毒の防止につながらないのはあたりまえだと判断することになってしまう。

　極論すれば，雪印が再びエンテロトキシンを原因とする食中毒を引き起こしたとしても，それが大樹工場以外の工場で起きた場合，大樹工場で発生した食中毒と異なるものだと考えることも可能である。そうであれば，大樹工場で発生した食中毒事件後に雪印がとった対応策が，大樹工場以外で発生した食中毒事件の防止につながらないのはあたりまえだと判断することもできる[8]。しかし，こうした判断が現実的でないのはいうまでもない。

　詳細にみれば，不祥事の内容は1つ1つ異なる。他方，抽象的にみれば，内容の差異はあれども，いずれも不祥事としてまとめることができる。社会は，企業が引き起こす不祥事を全て「社会に負の影響を与えたもの」という観点から大きくひとくくりにとらえる。他方，イシューマイオピアに陥っている企業は，事件の種類ごと，個別具体的に不祥事をとらえる。この構図を整理したものが図表7-6である。

---

[8]　これは，図表7-5で示す，不祥事を一番狭く捉えた場合に相当する。

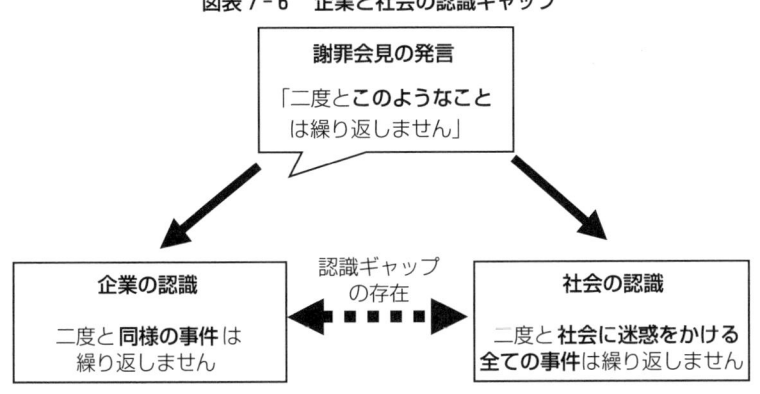

第7章　事例分析：ソーシャルイシュー認識の陥穽

図表7-6　企業と社会の認識ギャップ

```
        ┌─────────────────┐
        │  謝罪会見の発言  │
        │「二度とこのようなこと│
        │ は繰り返しません」│
        └─────────────────┘
          ↙              ↘
┌──────────┐  認識ギャップ  ┌──────────┐
│ 企業の認識 │  の存在       │ 社会の認識 │
│二度と同様の事件は│◀ ─ ─ ▶│二度と社会に迷惑をかける│
│  繰り返しません │         │全ての事件は繰り返しません│
└──────────┘              └──────────┘
```

　不祥事を引き起こした企業は，謝罪会見で「二度とこのようなことは繰り返しません」と発言することが多い。イシューマイオピアに陥っている企業にとって，この発言は，「二度と同様の事件は繰り返しません」という内容を意味する。他方，社会の側は，この発言を「二度と社会に迷惑をかける全ての事件は繰り返しません」という内容を意味するものとして認識しているのである。

4．イシューマイオピアの検討

　企業がイシューマイオピアに陥る要因として，本書では試論的に以下の3点を指摘する。
　第1の要因は，ソーシャルイシュー間の相互関連性が低い点である。社会の期待は多様であり，それゆえ，ソーシャルイシューには様々なものが含まれる。例えば，粉飾決算，セクシャル・ハラスメント，環境問題等である。これらのソーシャルイシューはステイクホルダーの期待によって顕在化するため，ステイクホルダーごとに分類して提示されることが多い[9]。したがっ

---

9) ソーシャルイシュー・マネジメント論では，イシューを認識する際の枠組として，消費者，従業員といったステイクホルダーに依拠するものと，経済的，社会的環境という環

て，期待の源泉であるステイクホルダーが異なるソーシャルイシュー間の相互関連性は低く，企業が他のステイクホルダーに関係するソーシャルイシューを認識することは非常に困難である。

　一般に，意思決定に際しては，様々なバイアスがかかるといわれている。そのうち，利用可能性ヒューリスティックスに由来するバイアスがイシューマイオピアに関連している可能性がある。人は，ある出来事の発生頻度，原因を推定する際に，その出来事が自身の記憶の中からどれだけ容易に「利用可能」かで判断する傾向がある。そうした利用可能性ヒューリスティックに由来するバイアスの中に，記憶が鮮明な情報ほど容易に想起できるという「記憶の鮮明さと新しさに基づく想起容易性」がある（Bazerman & Moore, 2009）。これにより，関連性の低いソーシャルイシューへの認識が困難になることが考えられる。

　第2の要因は，企業は組織体であり，統一的な認識は必ずしも容易ではない点である。企業が個別のソーシャルイシューへの対応策を立案するためには，何が原因であり，どの部門が対応に責任をもつのかを明確にしなければならない。しかし，この原因・責任分析活動によって，企業によるソーシャルイシューの認識が限定される可能性が存在する。

　食中毒事件後，雪印では具体的な対応策を整備しなければならなかった。そのために，食中毒事件の原因分析が行われ，それをふまえて責任担当部門の特定と具体的な対応策の策定が行われた（図表7-7）。

図表7-7　食中毒事件後の対応決定過程

食中毒事件の原因分析	責任分析	防止策の提示
毒素に関する知識不足	➡ 本社 ➡	品質保証システム
毒素の見逃し	➡ 工場 ➡	毒素の検査機器
クレーム把握の失敗	➡ 本社 ➡	お客様相談センター
早期対応の失敗	➡ 本社 ➡	商品安全監査室
突発停電対応の失敗	➡ 工場 ➡	突発事故対応マニュアル

境に依拠するものが多い（Mitchell, et al., 1997, Lawrence & Weber, 2008）。

第7章　事例分析：ソーシャルイシュー認識の陥穽

　この対応策は5つある。第1は「食中毒の原因となる細菌に関する知識不足」を原因とするものであり，「本社スタッフ」部門を責任単位とした上で「品質保証システム」が策定された。第2は「毒素の見逃し」を原因とするものであり，「工場（製造）」部門を責任単位とした上で「毒素の検査機器」の工場への導入が図られた。第3は「顧客からのクレーム把握の失敗」を原因とするものであり，「本社スタッフ」部門を責任単位とした上で「お客様相談センター」が設置された。第4は「品質トラブルに対する早期対応の失敗」を原因とするものであり，「本社スタッフ」部門を責任単位とした上で「商品安全監査室」が設置された。第5は「突発停電への対応の失敗」を原因とするものであり，「工場（製造）」部門を責任単位とした上で「突発事故対応マニュアル」が整備された。

　こうした原因・責任分析活動により，特定の部署のみにソーシャルイシューへの対応責任が課されることになる。したがって，不祥事が引き起こされると，組織の中に，いわば「当事者－他人事意識」[10]が醸成される。例えば，雪印の1回目の事件の場合，その原因は主に製造部門に帰属された。そのため，製造部門では「これは製造部門のイシューである」という当事者意識をもつ。他方，他の部門では，「それは自部門のイシューではない」，さらには飛躍して「自部門にはイシューはない」という他人事意識をもつ。このような組織体としての特性は，企業がイシューマイオピアに陥る要因となる。

　第3の要因は，認識枠組が経験や状況に影響をうける点である。雪印は1955年に北海道八雲工場製の脱脂粉乳による食中毒事件（八雲事件）を引き起こしている。この八雲事件の際に，当時の社長が「製品の事故は製品で償う」という声明を出している。この過去の経験が2000年の食中毒事件時の雪印におけるソーシャルイシュー認識・対応に影響をあたえたと考えることも可能であろう。このように，組織固有の経験を保有しているため，認識枠組

---

10) 責任担当部門は問題解決のために当事者意識をもたざるを得ないが，それ以外の部門は文字通り他人事意識でこれをみている状況を示している。

図表7-8　イシューマイオピアのダイナミクス

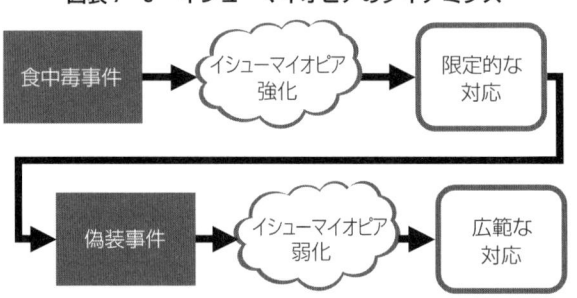

食中毒事件 → イシューマイオピア強化 → 限定的な対応

偽装事件 → イシューマイオピア弱化 → 広範な対応

が影響をうける可能性が存在する。このような認識枠組の特性は，企業がイシューマイオピアに陥る要因となる。これは，前述の利用可能性ヒューリスティックに由来するバイアスのうち，人は記憶の引き出しやすい事柄から想起するという「記憶構造に基づく検索容易性」に関連していると考えられる（Bazerman & Moore, 2009）。

　こうした要因を考慮すると，企業はソーシャルイシューを馴染みのあるイシューとして解釈し，馴染みのある対処方法で迅速に対応しようとする可能性がある。第1の要因は，ソーシャルイシューそのものの特徴が認識枠組にあたえる影響であり，不祥事を引き起こしたか否かに関係なく，全ての企業に当てはまる。他方，第2の要因は現在の行動が認識枠組に与える特徴，第3の要因は過去の経験が認識枠組にあたえる特徴である。そして，第2，第3の要因は，不祥事を引き起こした企業に特に顕著な特徴であると考えられる。

　この3つの要因を考慮すると，不祥事を引き起こした企業はイシューマイオピアに陥る可能性が高い。以上より，雪印におけるイシューマイオピア発生のダイナミクスは，図表7-8のように整理することができる。

　雪印は，2000年に集団食中毒事件という不祥事を引き起こした。この不祥事は，黄色ブドウ球菌が産生する毒素を原因とする脱脂粉乳の汚染による食中毒という点で，1955年に発生した北海道八雲工場製の脱脂粉乳による食中毒事件と極めて類似するものだった。前述のように，八雲事件当時の社長が

「製品の事故は製品で償う」という声明を出していることもあり，雪印は2000年の食中毒事件を1955年の食中毒事件と同じ種類の不祥事であると解釈した可能性がある。同時に，不祥事への対応に追われることにより，イシューマイオピアが強化された。こうして，雪印はイシューマイオピアに陥ったことにより，ソーシャルイシューを限定的にとらえ，品質管理と危機管理にかかわるソーシャルイシューへの対応策を講じることに特化してしまったとみることができる。

そして，2002年，牛肉偽装事件が発生する。この牛肉偽装事件によって，雪印は品質管理と危機管理以外のソーシャルイシューに目が向くことになる。これは，イシューマイオピアが弱化した状態ととらえることができる。そして，イシューマイオピアが弱化したことにより，雪印は，牛肉偽装事件後，単に虚偽申請防止策や偽装防止策を講じるのではなく，企業倫理の浸透等，より広範なソーシャルイシューへの対応策を講じることになったのである。

5．小括

本章では，「なぜ，雪印は2回目の不祥事を防げなかったのか」，あるいは，「なぜ，1回目の不祥事後の対応策が2回目の不祥事の防止につながらなかったのか」という問いをたてた。従来のソーシャルイシュー・マネジメント論に基づけば，雪印は1回目の事件から何も学ばなかった，もしくは，1回目の事件の重要性を認識していなかった，すなわち「認識不足であった」，いい換えれば「1回目の不祥事を全く反省していなかった」というのが，この問いに対する答えとなる。

しかし，本章の主張に基づけば，雪印は，1回目の事件後，上述の要因により，イシューマイオピアに陥り，品質管理・危機管理にかかわる対応策に注力してしまった，すなわち，「認識偏向であった」，いい換えれば「2回目の不祥事を全く予想していなかった」というのが，この問いに対する答えとなる。

第8章

結　　論

　本章では，本書の分析から導出される結論と，その結論の含意について，理論的含意，実践的含意に分けて検討する。さらには，本書の残された課題について提示する。

1．本書の結論

　本書の目的は，ソーシャルイシュー・マネジメントについて理論・実践両面から検討し，ソーシャルイシュー・マネジメントの課題を明らかにすることである。

　まず，本書の前半部分では，ソーシャルイシュー・マネジメント論を詳細に検討した。検討の結果，以下の2点が明らかになった。

　第1に，ソーシャルイシュー・マネジメント論にはマクロとミクロの分析レベルが存在することを指摘した。マクロレベルでは，全ての企業と社会の関係におけるソーシャルイシューを分析している。この分析レベルにおいては，ソーシャルイシューは「争点としてのイシュー」として扱われる。ミクロレベルの分析とは，個別企業レベルの分析であり，個別企業と社会の関係におけるソーシャルイシューを分析している。この分析レベルにおいては，ソーシャルイシューは「課題事項としてのイシュー」として扱われる。そして，両者の関係は「争点としてのイシュー」が消滅する（＝合意形成）と，その合意内容が「課題事項としてのイシュー」とみなされるようになるというものであった。

　第2に，従来のソーシャルイシュー・マネジメント論には，課題事項とし

てのイシューは全て個別企業によって認識されるという前提があることを明らかにした。従来のソーシャルイシュー・マネジメント論は，企業にとって課題事項としてのイシューを認識することは容易であるとみなしている，あるいは，そもそも「イシューの認識」という段階を考慮していない。しかしながら，本書では，個別企業にとって，課題事項としてのイシューを認識することはそれほど容易ではない可能性があるととらえる。すなわち，イシュー認識の困難性が存在することを指摘した。このソーシャルイシューにおける認識の困難性が，本書で主張するソーシャルイシュー・マネジメントの課題である。

本書後半部分では，上記の可能性について実証的に検討するために，事例研究を行った。すなわち，企業不祥事を企業によるソーシャルイシューへの対応の失敗事例と位置づけ，詳細な事例分析を行うことでソーシャルイシュー・マネジメントの陥穽を明らかにした。

具体的には，①2000年に発生した雪印乳業集団食中毒事件，②2002年に発生した雪印食品牛肉偽装事件についての詳細な記述をもとに，両事件後にとられた雪印の対応策について比較分析を試みた。とりわけ，「なぜ，雪印は2回目の不祥事を防げなかったのか」，あるいは，「なぜ，1回目の不祥事後の対応策が2回目の不祥事の防止につながらなかったのか」という観点から，雪印乳業集団食中毒事件後の雪印の対応策を検討した。検討の結果，以下の2点が明らかになった。

第1に，今まで注目されてこなかった事実として，食中毒事件後，雪印は何もしていなかったのではなく，品質管理と危機管理にかかわるイシューに特化した対応に奔走していたことを明らかにした。この時点での雪印の努力の方向性は「製品の事故は製品で償う」，つまり，「もう二度と同じ事故は起こさない」というものであった。

第2に，この食中毒事件後の雪印の対応を牛肉偽装事件後の雪印の対応と比較しながら分析を行い，「イシューマイオピア」という概念を導出した。イシューマイオピアとは「企業が特定のソーシャルイシューのみを認識して

しまう現象」である。このイシューマイオピアに陥ってしまったがゆえに，雪印は，1回目の事件後，品質管理，危機管理に関わる対応策に注力してしまったということを明らかにした。すなわち，雪印は「2回目の不祥事の発生を全く予想していなかった」状態だったのである。

2．理論的含意と理論上の展開可能性

(1) 理論的含意

本書の分析から得られる理論的含意としては以下の3点を指摘することができる。

第1に，イシューマイオピアという，ソーシャルイシューの認識段階における陥穽を明らかにしたことである。このイシューマイオピアの存在によって企業はソーシャルイシューを適切に認識できない可能性があることを指摘した。イシューマイオピアという現象を考慮すると，従来のソーシャルイシュー・マネジメント論が想定している「企業によるソーシャルイシューの認識は容易である」という前提は必ずしも妥当なものではない。したがって，「ソーシャルイシューを認識することは困難である」ことを前提とした理論構築が必要である。

具体的には以下の2点が指摘できる。まず，ソーシャルイシュー・マネジメント論で強調されるイシュー・マネジメントサイクルの再検討である。認識段階に注目した現実の企業におけるソーシャルイシューへの対応プロセスの検討が必要となろう。次に，組織としての認識特性の検討である。本書で強調しているように，組織内部での認識は一様ではない。また，それぞれの企業のもつ過去の経験によって，ソーシャルイシューの認識は影響される。これらの認識特性を考慮したソーシャルイシュー・マネジメント論の展開が必要である。

ソーシャルイシュー・マネジメント論は基本的にはPDCAサイクルを中心に議論を展開してきた。しかし，ソーシャルイシューの認識が困難である

ことを前提とした場合，PDCA サイクルはうまく機能しない可能性がある。認識段階に注目した際の鍵としては各主体のソーシャルイシューの認識のギャップに注目することが重要となる。前述のように，組織内部でのソーシャルイシューの認識は一様ではない。例えば，個別の部署によって認識が異なる可能性があるため，そのようなソーシャルイシューの認識ギャップに注目して議論を展開することが有望であろう。

また，近年，「企業と社会」論においてもセンスメーキングのプロセスとして，企業の社会的責任の問題を理解しようとする試みがなされている（Basu & Palazzo, 2008）。彼らが試みたように，ソーシャルイシュー・マネジメント論においても，センスメーキング等の概念を用いた組織論的考察が必要となるだろう。

第2に，「企業と社会」論における分析レベルの混乱を整理したことである。すなわち，企業全般と社会という分析レベルと，個別企業と社会という分析レベルを区別して論ずるべきであるという指摘である。これまで「企業と社会」論では，企業全般と社会という分析レベルと，個別企業と社会という分析レベルの違いを特段意識せずに理論が展開されてきた。しかしながら，企業全般というマクロレベルの議論と個別企業というミクロレベルの議論は自ずと性格を異にするものである。少なくとも後者に関しては，個別企業にとってのマネジメントの視点から論じられる必要性がある。当然のことながら，マクロレベルの分析から導出された知見が直ちに適用できるというものではない。その点についての無自覚さがソーシャルイシュー・マネジメント論やステイクホルダー論におけるある種の理論上の混乱を生んでいたのだと考えられる。ソーシャルイシューの多義性やステイクホルダーモデルの二重性という問題が，まさにこの混乱の象徴だといえる。

第3に，ソーシャルイシュー・マネジメント論の射程を明確にしたことである。これまで，「企業と社会」論においては，ソーシャルイシュー・マネジメント論は主要な地位を占めてこなかった。しかし，個別企業にとって課題事項としてのイシューを認識し，対応することが難しいとするならば，

ソーシャルイシュー・マネジメント論は企業における課題事項としてのイシューへの対応の理論として再評価することができる。すなわち，企業不祥事防止のための理論としての可能性が認められるということである。不祥事は，争点としてのイシューではなく，課題事項としてのイシューを巡って発生する。したがって，課題事項のイシューに適切に対応することを議論することは，企業不祥事防止に役立つからである。

（2） 理論上の展開可能性

ところで，本書では，ソーシャルイシュー・マネジメント論には，企業によるソーシャルイシュー認識の困難性が想定されていないという理論上の課題が存在することを指摘した。この課題が克服された場合，ソーシャルイシュー・マネジメント論には，どのような展開可能性があるのかについて，以下，試論的に検討してみたい。

第3章で検討したように，ソーシャルイシュー・マネジメントは，企業の社会的応答性論において取り上げられ，そこでは，企業が対応すべき社会からの期待の束をソーシャルイシューとしてとらえ，ソーシャルイシューに対応することの重要性が主張された。したがって，ここですでに，ソーシャルイシューに適切に対応することを目的としたソーシャルイシュー・マネジメントが提示されていたとみてよい。

しかしながら，同じ第3章で検討したように，その後の企業倫理論の台頭とともに，ステイクホルダー概念が注目され始め，ステイクホルダー概念を基にしたステイクホルダー・マネジメントが提唱されることとなった。そして，ステイクホルダー・マネジメントに関する議論の活発な展開とは対照的に，ソーシャルイシュー・マネジメントの議論は沈静化したかのようにみえる。誤解を恐れずにいえば，ソーシャルイシュー・マネジメントは，ステイクホルダー・マネジメントに包含されたといってもよい。

しかし，本書においては，ソーシャルイシュー・マネジメントとステイクホルダー・マネジメントはそれぞれに異なる役割を担うと考える。このこと

を具体的に理解するために，ソーシャルイシュー・マネジメントとステイクホルダー・マネジメントの内容について以下に概観してみよう。

　ステイクホルダー・マネジメントは，ステイクホルダーへの配慮を目的としている。したがって，マネジメントの対象はステイクホルダーである。ステイクホルダーという「主体」との関係性のマネジメントであり，動態的で相互作用を前提とするマネジメントである。したがって，企業がステイクホルダーとどのようにかかわっていくのかを中心とした，ステイクホルダー・インボルブメント，ステイクホルダー・エンゲージメントなどが提唱されることになる。ステイクホルダーをソーシャルイシューとの関連で理解すれば，「ソーシャルイシューの発生源」としてとらえることができる。争点としてのイシューを提起する存在という意味である。

　他方，ソーシャルイシュー・マネジメントは，ソーシャルイシューへの効果的な対応を目的としており，マネジメントの対象はソーシャルイシューである。ソーシャルイシューをステイクホルダーとの関連で理解すれば，「様々なステイクホルダーからの期待の束」としてとらえることができる。すでにみたように，この場合のソーシャルイシューは，主に課題事項としてのイシューが想定される。したがって，企業側からすれば，まさにソーシャルイ

図表 8-1　ソーシャルイシュー・マネジメントとステイクホルダー・マネジメント

	ステイクホルダー・マネジメント	ソーシャルイシュー・マネジメント
目的	ステイクホルダーへの配慮	ソーシャルイシューへの対応
マネジメントの対象	ステイクホルダー （ソーシャルイシューの発生源）	ソーシャルイシュー （ステイクホルダーからの期待の束）
視点	主体中心	タスク中心
キーワード	ステイクホルダー・インボルブメント ステイクホルダー・エンゲージメント	イシュー・マネジメントサイクル
性格	企業環境との相互作用	環境適応を前提とした企業内部システムの構築

第8章 結　論

シューという課題（タスク）を中心としたマネジメントになるため，その課題をどのように効率的に処理するのかというPDCAを基にした企業内部のイシュー・マネジメントシステムの構築などが提唱されることになる。

　この両者の関係をまとめたものが，図表8-1である。

　第4章で述べたように，ステイクホルダー・マネジメントの主張は，「ステイクホルダーに配慮せよ」という抽象的なメッセージである。したがって，企業内のマネジメントシステムにこれを反映させることは困難である。

　例えば，Freemanはステイクホルダー・マネジメントの提唱者として知られているが，よく知られている彼のステイクホルダー・アプローチの概念図は図表8-2のように示される。同時に，ステイクホルダー・マネジメントにおいては，現実の企業にとってステイクホルダーは個別具体的にとらえるべきであるとの主張が展開され，あわせて，図表8-3のようなステイクホルダーマップが提示されることになる。

　つまり，現実の企業のステイクホルダー・マネジメントにおいては，図表8-3のようなステイクホルダーマップを描くことが求められるのである。

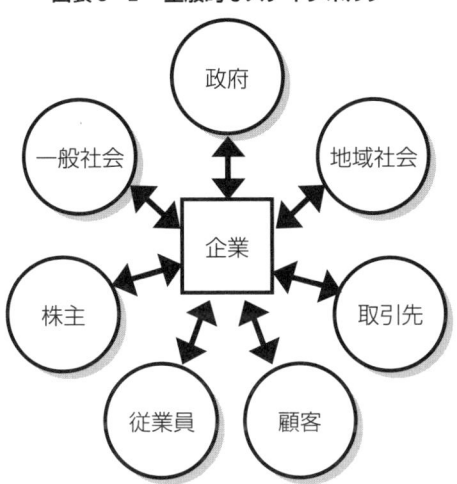

図表8-2　全般的なステイクホルダー

出所：Freeman（1984），p.25。

図表 8-3　個別的なステイクホルダー

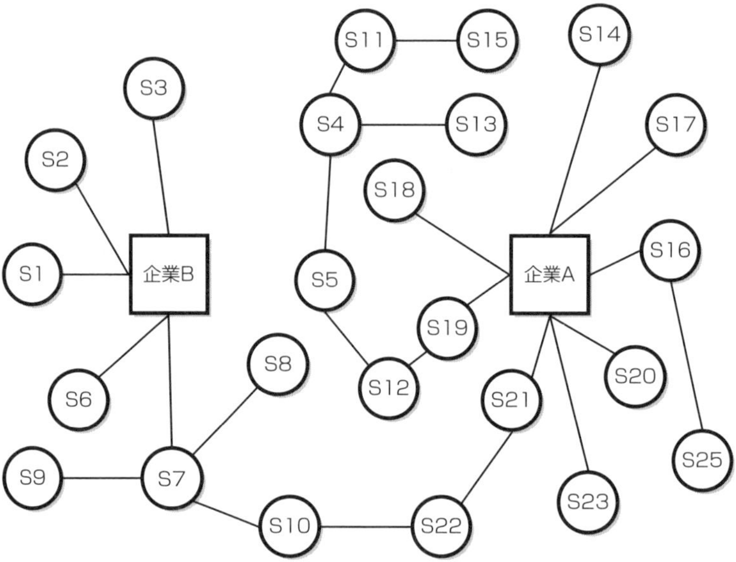

出所：Key (1999), p.322。

　しかしながら，はたして現実の企業で図表 8-3 のような具体的なステイクホルダーマップを描写することが必要なのであろうか。
　企業には，特定のステイクホルダーから突きつけられたソーシャルイシューに対応することが求められる。したがって，現実の企業内部では，既存の組織やプロジェクトのもとで，そうしたソーシャルイシューが課題事項として処理されていくことになる。そうであるとすれば，具体的なステイクホルダーマップを描写することよりも，効率的にソーシャルイシューを処理することの方が優先されることになろう。また，具体的なステイクホルダーをすべて列挙し，そのステイクホルダーと他のステイクホルダーとの関係を観察し描写すること自体非常に困難であるともいえる。
　もちろん，新たなソーシャルイシュー，すなわち，争点としてのイシューを認識する際には，主体としてのステイクホルダーとのコミュニケーション

第8章　結　論

図表8-4　ソーシャルイシュー・マネジメントとステイクホルダー・マネジメントの射程

	ステイクホルダー・マネジメント	ソーシャルイシュー・マネジメント
マネジメントの射程	未知のソーシャルイシュー（争点）への対応	既知のソーシャルイシュー（課題事項）への対応

は有効であろう。それによって，いち早くソーシャルイシューを発見し，対応の必要性を判断することが可能になるからである。

したがって，ステイクホルダー・マネジメントは，未知のソーシャルイシュー（争点としてのイシュー）を，他方，ソーシャルイシュー・マネジメントは既知のソーシャルイシュー（課題事項としてのイシュー）を対象とするものとして位置づけることが適切であるといえよう（図表8-4）。

3．実践的含意

本書の分析から得られる実践的含意としては以下の2点を指摘することができる。

第1に，企業は自社がイシューマイオピアに陥っている可能性を考慮して，不祥事防止策を実行する必要性があるという点である。具体的には以下の3点があげられる。

まず，トップマネジメント層は，現場がイシューマイオピアに陥ることを想定して，従業員が他のソーシャルイシューに対しても注目するよう促す必要がある。次に，不祥事やトラブルが発生した場合に，いたずらに迅速な対応を強調しないことである。企業は，ソーシャルイシューを馴染みのあるイシューとして解釈し，馴染みのある対処方法で迅速に対応する可能性がある。ソーシャルイシュー・マネジメント論では，ソーシャルイシューに対する「迅速な対応」を強調する傾向があるが，迅速な対応を強調することが必ずしも効果的なソーシャルイシューへの対応につながらない可能性がある。最後に，組織内部での認識の相違に注意することである。不祥事を引き起こし

た企業の内部では,「当事者-他人事意識」の構造が生まれることが多い。この現象を意識することが重要となる。

　第2に，CSR推進体制を構築する際の過度なPDCAサイクル依存の危険性を指摘することができる。ソーシャルイシュー認識の困難性を前提とすれば，企業組織内外でソーシャルイシューの認識は共有されているはずという理解は危険である。共有されているとの理解を前提として構築されたPDCAサイクル，さらにはCSR推進体制では不祥事は防止できない可能性が高い。強固なPDCAサイクルを構築することに終始することなく，むしろ，企業内外や企業内部署間におけるイシュー認識におけるギャップの存在を前提とし，そうしたギャップの探索・発見にこそ注力すべきであろう。もちろん，ギャップが無くなることが望ましいのであろうが，少なくともギャップがどこに存在しているのかを経営者は把握する必要がある。

　要約すれば,「ギャップに注意せよ」(Mind the Gap) ということである。

4. 残された課題

　本書ではソーシャルイシュー・マネジメントにおける理論上・実践上の陥穽を明らかにするために，ソーシャルイシュー・マネジメント論の検討，雪印の不祥事に関する事例分析を行った。そして，これらの分析に基づき，企業におけるソーシャルイシューの認識段階に注目する必要性を指摘し，具体的には企業におけるイシュー認識の困難性を説明するイシューマイオピアという新しい概念を提示した。しかし，残された課題も多く，そうした課題については，今後，より詳細な分析を進めていく必要がある。

　第1の課題は，他の企業におけるイシューマイオピアの検討である。今回は不祥事を引き起こした企業である雪印の事例に限定して議論を展開した。しかしながら，イシューマイオピアの原因を検討すると，多くの企業においてもこの現象は発生する可能性が高い。このため，雪印以外の不祥事を起こした企業，あるいは，不祥事を起こしていない企業におけるイシューマイオ

第8章 結論

ピアの検討も必要だといえる[1]。

　第2の課題は，イシューマイオピア状態からの脱却手法の検討である。雪印は，2回目の事件後，社会から「雪印は倫理感のない会社だ」「企業体質に問題がある」など抽象的なレベルで非難された。そこで問われているイシューが何であるのかが漠然としていたため，安易に過去の経験に基づいた対応策を採用することができなかった。結果的に全社的に広範なイシューの対応が可能になったと考えることができる。今後は，雪印における2回目の不祥事後の対応に関する詳細な検討を行うことにより，イシューマイオピアからの脱却の手法を明らかにしたい。

　第3の課題は，イシューマイオピア以外のソーシャルイシュー認識における陥穽についての検討である。本書では，企業組織は一様な認識をもつという前提のもとで議論を進めてきた。しかし，現実の企業組織は，個別の従業員や各部署の集合体であることから，その全てが同様にソーシャルイシューを認識するとは考えにくい。ここに，ソーシャルイシュー認識における別の陥穽が存在する可能性がある。したがって，個別の従業員や各部署において，どのようにソーシャルイシューが認識されるのか，そして，どのようにソーシャルイシューが全社的に共有されていくのか，あるいは，しないのかについての検討が必要となるだろう。そのメカニズムを明らかにすることによって，効果的な企業不祥事防止策が構築できる可能性がある。具体的には，部署固有の認識パターンを前提とした研修のあり方や，部署間のソーシャルイシュー認識のギャップの把握方法や解消方法の検討，さらには，「当事者－他人事意識」の構造の解消方法の検討等があげられる。

---

[1] 不祥事を引き起こしていない企業がイシューマイオピアに陥っている場合，企業はソーシャルイシューを産業固有のイシューに矮小化してとらえる可能性が高い。例えば，建設業界に属する企業は，ソーシャルイシューを談合問題に限定してとらえることなどである。

参考資料：雪印乳業ヒアリング記録一覧

第1回目ヒアリング
　　日時　　　：2004年4月7日（水）14：00～17：00
　　場所　　　：雪印乳業株式会社本社（新宿区本塩町）
　　インタビュア：小山嚴也，谷口勇仁
　　面談者　　：コンプライアンス部長　岡田佳男氏

第2回目ヒアリング
　　日時　　　：2004年8月16日（月）14：00～16：00
　　場所　　　：雪印乳業株式会社本社（新宿区本塩町）
　　インタビュア：小山嚴也，谷口勇仁
　　面談者　　：コンプライアンス部長　岡田佳男氏

第3回目ヒアリング
　　日時　　　：2004年9月27日（月）13：00～18：00
　　場所　　　：雪印乳業大樹工場（北海道広尾郡大樹町）
　　インタビュア：小山嚴也，谷口勇仁
　　面談者　　：大樹工場・清水工場　工場長　内田幸生氏
　　　　　　　　品質管理室長　荻原秀輝氏

第4回目ヒアリング
　　日時　　　：2005年4月22日（金）15：00～17：00
　　場所　　　：雪印乳業大樹工場（北海道広尾郡大樹町）
　　インタビュア：小山嚴也，谷口勇仁
　　面談者　　：大樹工場・清水工場　工場長　内田幸生氏
　　　　　　　　品質管理室長　荻原秀輝氏

第 5 回目ヒアリング
 日時   ：2005 年 8 月 4 日（金）15：00〜17：30
 場所   ：雪印乳業大樹工場（北海道広尾郡大樹町）
 インタビュア：小山嚴也，谷口勇仁
 面談者 ：大樹工場・清水工場 工場長 内田幸生氏
      品質管理室長 荻原秀輝氏

第 6 回目ヒアリング
 日時   ：2006 年 7 月27日（水）17：00〜18：30
 場所   ：雪印乳業株式会社本社（新宿区本塩町）
 インタビュア：小山嚴也，谷口勇仁
 面談者 ：社外取締役 日和佐信子氏
      CSR 推進部長 大久保龍朗氏

第 7 回目ヒアリング
 日時   ：2007 年 2 月16日（金）15：00〜17：00
 場所   ：雪印乳業株式会社本社（新宿区本塩町）
 インタビュア：小山嚴也，谷口勇仁
 面談者 ：CSR 推進部長 大久保龍朗氏

第 8 回目ヒアリング
 日時   ：2007 年 3 月13日（火）14：00〜18：00
 場所   ：雪印乳業中標津工場（北海道標津郡中標津町）
 インタビュア：小山嚴也，谷口勇仁
 面談者 ：中標津工場 工場長 佐々木正巳氏
      総務課長 難波良次氏

第 9 回目ヒアリング
 日時   ：2007 年 9 月11日（火）11：00〜13：30
 場所   ：雪印乳業株式会社本社（新宿区本塩町）
 インタビュア：小山嚴也，谷口勇仁
 面談者 ：CSR 推進部 CSR 推進グループ 課長 足立晋氏
      商品安全保証室 課長 齋藤健一郎氏

参考文献

〈和文参考文献〉

浅尾努（2000）「乳製品による食中毒の原因物質を検出―ブドウ球菌のエンテロトキシンとは―」『公衛研ニュース』第12号，pp.1-2。

五十嵐英夫（2003）「ブドウ球菌エンテロトキシン研究の変遷」『日本食品微生物学会雑誌』第20巻第2号，pp.51-62。

壹岐晃才・木村立夫編（1985）『日本企業読本』東洋経済新報社。

泉当夫編（1961）『雪印食品工業十年史』雪印食品工業。

伊藤肇躬（2004）『乳製品製造学』光琳。

井原久光（2000）「リスクマネジメントと組織―雪印食中毒事件を事例にして―」『長野大学紀要』第22巻第3号，pp.57-73。

井原久光・小方博文（2001）「雪印乳業の再建活動―食中毒事件後の軌跡とその考察―」『長野大学紀要』第23巻第3号，pp.226-252。

岩田浩（2006）「経営倫理学の展開―経営学史的一考察―」『大阪産業大学経営論集』第7巻第1・2号，pp.65-86。

梅澤正（2000）『企業と社会　社会学からのアプローチ』ミネルヴァ書房。

梅津光弘（1997）「企業倫理学と企業社会責任論」『日本経営倫理学会誌』第4号，pp.21-31。

梅津光弘（2001）「企業倫理の促進・支援制度をめぐる諸問題：概念枠設定の試み」『明大商学論叢』第83巻第2号，pp.89-102。

梅津光弘（2002）『ビジネスの倫理学』丸善。

梅津光弘（2003）「アメリカにおける企業倫理論」中村瑞穂編『企業倫理と企業統治』文眞堂，pp.13-27。

エプスタイン，E.著，中村瑞穂他訳（1996）『企業倫理と経営社会政策過程』文眞堂。

大阪市環境保健局（2001）『雪印乳業（株）大阪工場製造の低脂肪乳等による食中毒事件　報告書』大阪市環境保健局。

大山正・丸山康則編（2001）『ヒューマンエラーの心理学』麗澤大学出版会。

大山正・丸山康則編（2004）『ヒューマンエラーの科学』麗澤大学出版会。

岡田佳男（2003）「私の6月27日」『経営倫理』第33号，経営倫理実践研究センター，

pp.7-10。

岡田佳男（2004）「『企業倫理ホットライン』の活用について」『予防時報』第218号，pp.41-43。

岡本浩一・今野裕之編著（2003）『リスクマネジメントの心理学―事故・事件から学ぶ―』新曜社。

奥林康司（1981）『労働の人間化・その世界的動向』有斐閣。

奥村惠一（1999）『現代の経営と社会』中央経済社。

加護野忠男（1988）『組織認識論』千倉書房。

黒川保美・赤羽新太郎編著（2009）『CSR グランド戦略』白桃書房。

黒田勉（1995）『社会対応経営』白桃書房。

厚生省・大阪市原因究明合同専門家会議（2001）「雪印乳業食中毒事件の原因究明調査結果について―低脂肪乳等による黄色ブドウ球菌エンテロトキシンA型食中毒の原因について―（最終報告）」『食品衛生研究』第51巻第2号，pp.17-91。

神戸地判平成14・11・22　判タ1113・284。

小林俊治（1988）「企業倫理に関する一考察」『企業倫理と経営戦略』早稲田大学産業経営研究所，pp.1-32。

小林俊治（1990）『経営環境論の研究』成文堂。

小林俊治・百田義治編（2004）『社会から信頼される企業―企業倫理の確立に向けて―』中央経済社。

小林俊治・齊藤毅憲編著（2008）『CSR 経営革新―組織の社会的責任 ISO26000への拡大―』中央経済社。

駒橋恵子（2004）『報道の経済的影響―市場のゆらぎ増幅効果―』御茶の水書房。

小山嚴也（1997a）「海外進出と社会貢献活動」奥村惠一編著『経営の国際開発に関する研究』多賀出版，pp.81-104。

小山嚴也（1997b）「企業の社会的責任概念の展開」『山梨学院大学 商学論集』第22号，pp.185-206。

小山嚴也（1999）「戦略的フィランソロピーと企業の社会的応答性の構想」『山梨学院大学 商学論集』第24号，pp.103-135。

小山嚴也（2003）「企業に対する社会的要請の形成プロセス」『経済系』第215集，pp.10-23。

小山嚴也（2004）「企業メセナ」佐護譽・渡辺峻編著『経営学総論』文眞堂，pp.179-193。

小山嚴也（2005）「企業における social issues の認識」『日本経営学会論集』第75集，

千倉書房，pp.204-205。
小山嚴也（2007）「『企業不祥事』と企業における問題の認識」企業倫理研究グループ『日本の企業倫理』白桃書房，pp.21-39。
小山嚴也（2008）「現代日本企業とステークホルダー」佐久間信夫・浦野倫平編著『経営学総論』学文社，pp.50-63。
小山嚴也（2011）「コンプライアンス・マネジメント」佐久間信夫・田中信弘編著『現代CSR経営要論』創成社，pp.188-205。
小山嚴也・谷口勇仁（2007）「雪印乳業大樹工場における汚染脱脂粉乳出荷プロセス」『経済系』第232集，pp.65-79。
小山嚴也・谷口勇仁（2010）「企業におけるソーシャルイシューの認識―雪印はなぜ2回目の不祥事を防げなかったのか―」『日本経営学会誌』第26号，pp.15-26。
齋藤健一郎（2006）「過ちから学び，3つの仕組みで全社体制の強化」『クオリティマネジメント』第57巻第5号，pp.26-31。
齋藤憲監修（2007）『企業不祥事事典―ケーススタディ150―』日外アソシエーツ。
齊藤毅憲・石井貫太郎編著『グローバル時代の企業と社会』ミネルヴァ書房。
櫻井克彦（1991）『現代の企業と社会』千倉書房。
佐藤郁哉（2002）『組織と経営について知るための　実践フィールドワーク入門』有斐閣。
佐野眞一（2005）『クラッシュ』新潮社。
産経新聞取材班（2001）『ブランドはなぜ墜ちたか―雪印，そごう，三菱自動車事件の深層―』角川書店。
CED著，経済同友会編訳（1972）『企業の社会的責任』鹿島出版会。
清水池義治・飯澤理一郎「乳製品過剰下における乳業資本の収益構造に関する考察―雪印乳業集団食中毒事件の背景を視野に―」『農経論叢』第61巻，pp.223-234。
スチュアート，D.著，企業倫理研究グループ訳（2001）『企業倫理』白桃書房。
陶山計介（2002）「雪印ブランドの『失墜』」『関西大学商学論集』第47巻第2・3号，pp.249-270。
高巖・辻義信・S.デイビス・瀬尾隆史・久保田政一（2003）『企業の社会的責任　求められる新たな経営観』日本規格協会。
高巖・T.ドナルドソン（1999）『ビジネスエシックス―企業の市場競争力と倫理法令遵守マネジメント・システム―』文眞堂。
高岡伸行（2002）「ステイクホルダーモデルの企業観とその論理構造」『経済科学』

第49巻第 4 号，pp.99-119。
高岡伸行（2006）「ビジネスの正当性とイノベーションドライブに向けたステイクホルダーの統合様式：その正当性と組織化の次元」『経営と経済』第85巻第 3・4 号，pp.99-146。
高岡伸行・谷口勇仁（2003）「ステイクホルダーモデルの脱構築」『日本経営学会誌』第 9 号 ,pp.14-25。
高田馨（1974）『経営者の社会的責任』千倉書房。
高田馨（1989）『経営の倫理と責任』千倉書房。
田島壮幸（1993）「企業と社会」現代経営学研究会編『現代経営学の基本課題』文眞堂，pp.3-20。
谷口勇仁（2001）「ステイクホルダー理論再考」『経済学研究』第51巻第 1 号，pp.83-93。
谷口勇仁（2005）「CSR における 2 つの視点―「企業の論理」と「社会の論理」―」『経済学研究』第54巻第 4 号，pp.67-74。
谷口勇仁（2009）「雪印乳業集団食中毒事件に関する事例研究の整理と検討」『経済学研究』第59巻第 3 号，pp.179-187。
谷口勇仁・小山嚴也（2007）「雪印乳業集団食中毒事件の新たな解釈―汚染脱脂粉乳製造・出荷プロセスの分析―」『組織科学』第41巻第 1 号，pp.77-88。
谷本寛治（2002）『企業社会のリコンストラクション』千倉書房。
谷本寛治（2006）『CSR―企業と社会を考える―』NTT 出版。
角野信夫（2001）「企業倫理と経営学の研究および教育」『明大商学論叢』第83巻第 2 号，pp.1-17。
ディジョージ，R．著，永安幸正・山田經三監訳，麗澤大学ビジネス・エシックス研究会訳（1995）『ビジネス・エシックス』明石書店。
出見世信之（1997）『企業統治問題の経営学的研究』文眞堂。
出見世信之（2001）「企業の倫理的行動」『明大商学論叢』第83巻第 2 号，pp.71-88。
出見世信之（2004a）『企業倫理入門』同文舘出版。
出見世信之（2004b）「CSR とステイクホルダー」谷本寛治編著『CSR 経営』中央経済社，pp.35-50。
土井一生（1992）「企業の社会成果に関する諸理論の検討―グローバル企業の社会貢献への予備的考察―」『早稲田商学』第354号，pp.79-115。
鳥羽至英（2005）「内部統制・検証（File.2）雪印食品輸入牛肉偽装」『月刊監査役』

日本監査役協会, 第506巻, pp.12-31。
内藤勲（2004）「事件報道による社会的概念の構築—雪印食品事件を事例として—」『経営管理研究所紀要』第11号, pp.11-27。
中尾政之（2005）『失敗百選』森北出版。
中村瑞穂（1994a）「アメリカにおける経営倫理研究の展開過程」『明大商学論叢』第76巻第1号, pp.213-224。
中村瑞穂（1994b）「『企業と社会』理論と企業倫理」『明大商学論叢』第77巻第1号, pp.103-118。
中村瑞穂（1995）「経営社会関係論の形成」『明大商学論叢』第77巻第3・4号, pp.99-113。
中村瑞穂（2001）「企業倫理実現の条件」『明治大学社会科学研究所紀要』第39巻第2号, pp.87-99。
中村瑞穂（2003）「企業倫理と企業統治」中村瑞穂編『企業倫理と企業統治』文眞堂, pp.1-12。
日本経営倫理学会・㈳経営倫理実践研究センター監修, 高橋浩夫編著（2009）『トップ・マネジメントの経営倫理』白桃書房。
日本経済団体連合会企業行動委員会（2009）『CSR（企業の社会的責任）に関するアンケート調査』日本経済団体連合会。
沼上幹（2000）『行為の経営学』白桃書房。
畑村洋太郎（2006）『「失敗学」事件簿』小学館。
林田学（1995）『ＰＬ法新時代』中央公論社。
葉山彩蘭（2008）『企業市民モデルの構築　新しい企業と社会の関係』白桃書房。
ビーチャム, T.・N. ボウイ著, 加藤尚武監訳（2005）『企業倫理学　1』晃洋書房。
ビーチャム, T.・N. ボウイ著, 梅津光弘監訳（2001）『企業倫理学　2』晃洋書房。
ビーチャム, T.・N. ボウイ著, 中村瑞穂監訳（2003）『企業倫理学　3』晃洋書房。
平田光弘（2008）『経営者自己統治論—社会に信頼される企業の形成—』中央経済社。
日和佐信子（2003）『消費者運動そして雪印乳業社外取締役へ』コープ出版。
フィンケルシュタイン, S. 著, 酒井泰介・橋口寛監訳（2004）『名経営者が, なぜ失敗するのか？』日経BP。
福永昌彦・山田敏之（2005）「雪印乳業における組織風土の変容と企業倫理」『東海学園大学研究紀要』第10号（シリーズA), pp.113-136。
藤井建夫（1997）『微生物制御の基礎知識』中央法規。
藤原邦達（2002）『雪印の落日—食中毒事件と牛肉偽装事件—』緑風出版。

フリーマン, R.・J. ハリソン・A. ウィックス著, 中村瑞穂訳者代表 (2010)『利害関係者志向の経営―存続・世評・成功―』白桃書房。
ベイザーマン, M.H.・D.A. ムーア著, 長瀬勝彦訳 (2011)『行動意思決定論―バイアスの罠―』白桃書房。
ペイン, L. 著, 梅津光弘・柴柳英二訳 (1999)『ハーバードのケースで学ぶ―企業倫理―』慶應義塾大学出版会。
ペイン, L. 著, 鈴木主税・塩原通緒訳 (2004)『バリューシフト―企業倫理の新時代―』毎日新聞社。
北海道新聞取材班 (2002)『検証・「雪印」崩壊―その時, 何がおこったか―』講談社。
本間利通 (2006)「ホイッスル・ブローイングと情緒的・継続的コミットメント―雪印食品の牛肉偽装事件を事例として―」『経済論叢』第178巻第1号, pp.73-89。
マコワー, J. 著, 下村満子監訳, 村上彩訳 (1997)『社会貢献型経営ノすすめ』シュプリンガー・フェアラーク東京。
間嶋崇 (2007)『組織不祥事―組織文化論による分析―』文眞堂。
水谷洋一・水谷甲太郎編 (2009)『西宮冷蔵―たったひとりの反乱―』鹿砦社。
水村典弘 (2001)「『利害関係者』をめぐる経営学的研究の推移」『日本経営学会誌』第7号, pp.36-47。
水村典弘 (2004)『現代企業とステークホルダー―ステークホルダー型企業モデルの新構想―』文眞堂。
水村典弘 (2008)『ビジネスと倫理―ステークホルダー・マネジメントと価値創造―』文眞堂。
三戸浩・池内秀己・勝部伸夫 (2006)『企業論 新版補訂版』有斐閣。
ミトロフ, I. 著, 上野正安・大貫功雄訳『クライシス・マネジメント』徳間書店。
宮坂純一 (1995)『現代企業のモラル行動―アメリカのモラル改革運動の批判的検討―』千倉書房。
宮坂純一 (2000)『ステイクホルダー・マネジメント』晃洋書房。
宮坂純一 (2005)『ステイクホルダー行動主義と企業社会』晃洋書房。
宮坂純一 (2009)『道徳的主体としての現代企業』晃洋書房。
村上信夫・吉崎誠二 (2008)『企業不祥事が止まらない理由』芙蓉書房出版。
村田大学 (2011)「企業倫理学の方法論争と統合命題の確立」『経営教育研究』第14巻第1号, pp.51-60。
森田章 (1978)『現代企業の社会的責任』商事法務研究会。

森本三男（1994）『企業社会責任の経営学的研究』白桃書房。

やまざきようこ・榊田みどり・大石和男・岸康彦（2004）『雪印100株運動―起業の原点・企業の責任―』創森社。

山下晃司・金澤祐子・上野美知・太田裕元・北口三知世・川上忠明・岩崎恵子・辻澤恵都子・森野吉晴・旅田一衛（2003）「低脂肪乳による大規模食中毒事件におけるブドウ球菌エンテロトキシンA遺伝子検出の意義」『食品衛生学雑誌』第44巻第4号，pp.186-190。

山根浩（2003）「低脂肪乳による食中毒とその後の対応について」『食品衛生学雑誌』第44巻第4号，pp.J-281-J-285。

雪印食品30年史編纂委員会編（1981）『雪印食品30年史』雪印食品。

雪印食品社史編纂実行委員会編（2000）『雪印食品50年史』雪印食品。

雪印乳業（2000）『有価証券報告書』。

雪印乳業（2005）『新生 雪印乳業の歩み 2002～2004 活動報告書 2005』。

雪印乳業（2007）『雪印乳業活動報告書 2007』。

雪印乳業史編纂委員会編（1960）『雪印乳業史 第1巻』雪印乳業。

雪印乳業史編纂委員会編（1961）『雪印乳業史 第2巻』雪印乳業。

雪印乳業史編纂委員会編（1969）『雪印乳業史 第3巻』雪印乳業。

雪印乳業史編纂委員会編（1975）『雪印乳業史 第4巻』雪印乳業。

雪印乳業史編纂委員会編（1985a）『雪印乳業沿革史』雪印乳業。

雪印乳業史編纂委員会編（1985b）『雪印乳業史 第5巻』雪印乳業。

雪印乳業史編纂委員会編（1995）『雪印乳業史 第6巻』雪印乳業。

雪印メグミルク（2010）『雪印メグミルクグループ活動報告書 2010』。

好井久雄・金子安之・山口和夫（1995）『食品微生物学ハンドブック』技報堂出版。

リーズン．J著，塩見弘監訳，高野研一・佐相邦英訳（1999）『組織事故』日科技連出版社。

脇田眞（2005）「新生雪印乳業再建への取組」中央大学総合政策研究科経営グループ編『経営革新 Vol.1』中央大学出版部，pp.119-135。

脇田眞（2008）「不祥事の教訓」『水産界』第1486号，大日本水産会，pp.18-20。

〈英文参考文献〉

Ackerman, R. W., R. A. Bauer (1976) *Corporate Social Responsiveness*, Reston.

Ansoff, H. I. (1980) "Strategic Issue Management," *Strategic Management Journal*, Vol.1, pp.131-148.

Bartha, P. F. (1982) "Managing Corporate External Issues," *Business Quarterly*, Vol.47, No.2, pp.78-90.

Basu, K., G. Palazzo (2008) "Corporate Social Responsibility: A Process Model of Sensemaking," *Academy of Management Review*, Vol.33, No.1, pp.122-136.

Bazerman, M. H., D. A. Moore (2009) *Judgment on Managerial Decision Making*, John Wiley & Sons.

Beauchamp, T. L., N. E. Bowie (1988) *Ethical Theory and Business*, Prentice-Hall.

Beauchamp, T. L., N. E. Bowie, D. G. Arnold (2008) *Ethical Theory and Business*, Prentice-Hall.

Berle, A. A., G. C. Means (1991) *Modern Corporation and Private Property*, Transaction Publishing.

Bigelow, B., L. Fahey, J. Mahon (1993) "A Typology of Issue Evolution," *Business & Society*, Vol. 32, No. 1, pp.18-39.

Blockson, L. C. (2003) "Multisector Approaches to Societal Issues Management," *Business & Society*, Vol. 42, No. 3, pp.381-390.

Bowie, N. E. (1999) *Business Ethics: A Kantian Perspective*, Blackwell.

Bremner, R. H. (1988) *American Philanthropy*, University of Chicago Press.

Buchholz, R. A. (1982) *Business Environment and Public Policy*, Prentice-Hall.

Buchholz, R. A. (1988) *Public Policy Issues for Management*, Prentice-Hall.

Buchholz, R. A., W. D. Evans, R. A. Wagley, (1985) *Management Responses to Public Issues*, Prentice-Hall.

Buchholz, R. A., W. D. Evans, R. A. Wagley, (1994) *Management Responses to Public Issues*, Prentice-Hall.

Carroll, A. B. (1979) "A Three Dimensional Conceptual Model of Corporate Performance," *Academy of Management Review*, Vol. 4, No. 4, pp.497-505.

Carroll, A. B., A. K. Buchholtz (2009) *Business & Society*, South-Western.

Chase, W. H. (1984) *Issue Management*, Action Publications.

Davis, K. (1960) "Can Business Afford To Ignore Social Responsibilities?" *California Management Review*, Vol. 2, No. 3, pp.70-76.

Davis, K., R. L. Blomstrom (1975) *Business and Society*, McGraw-Hill.

De George, R. T. (1987) "The Status of Business Ethics: Past and Future," *Journal of Business Ethics*, No. 6, pp.201-211.

Dill, W. R. (1975) "Public Participation in Corporate Planning: Strategic

Management in a Kibitzer's World," *Long Range Planning*, Vol. 8, No. 1, pp.57-63.

Dutton, J. E., S. E. Jackson (1987) "Categorizing Strategic Issues: Link to Organizational Action," *Academy of Management Review*, Vol. 12, No. 1, pp.76-90.

Dutton, J. E., E. Ottensmeyer (1987) "Strategic Issue Management Systems: Forms, Functions, and Contexts," *Academy of Management Review*, Vol. 12, No. 2, pp.355-365.

Epstein, E. M. (1989) "Business Ethics, Corporate Good Citizenship, and the Corporate Social Policy Process: A View from the United States," *Journal of Business Ethics*, Vol. 8, No. 8, pp.583-595.

Evan, W. M., R. E. Freeman (1988) "A Stakeholder Theory of the Modern Corporation: Kantian Capitalism," in Beauchamp, T., N. Bowie (Eds.) *Ethical Theory and Business*, Prentice-Hall, pp.75-93.

Fligstein, N. (1990) *The Transformation of Corporate Control*, Harvard University Press.

Frederick, W. C. (1986) "Toward CSR3: Why Ethical Analysis is Indispensable in Corporate Affairs," *California Management Review*, Vol. 28, No.2, pp.126-141.

Frederick, W. C. (1994) "From CSR1 to CSR2," Business & Society, Vol. 33, No. 2, pp.150-164.

Frederick, W. C., J. E. Post, K. Davis (1988) *Business and Society*, McGraw-Hill.

Frederick, W. C., J. E. Post, K. Davis (1992) *Business and Society*, McGraw-Hill.

Freeman, R. E. (1984) *Strategic Management*, Pitman.

Freeman, R. E., J. F. Harrison, A. C. Wicks (2007) *Manageing for Stakeholders: Survival, Reputation, and Success*, Yale University Press.

Friedman, M. (1962) *Capitalism and Freedom*, University of Chicago Press.

Frooman, J. (1999) "Stakeholder Influence Strategies," *Academy of Management Review*, Vol. 24, No. 2, pp.191-205.

Gerde, V. W. (2003) "Auditor Independence, Accounting Firms, and the Securities and Exchange Commission: Application of the Issue Life Cycle Model," *Business & Society*, Vol. 42, No. 1, pp.83-114.

Goodpaster, K. E. (1991) "Business Ethics and Stakeholder Analysis," *Business Ethics Quarterly*, Vol. 1, No. 1, pp.53-73.

Hay, R.D., E. R. Gray, J. M. Gates, (1976) *Business & Society*, South-Western.

Heald, M. (2005) *The Social Responsibilities of Business: Company and Community, 1900-1960*, Transaction.

Heath, R. L., M. J. Palenchar (2009) *Strategic Issues Management: Organizations and Public Policy Challenges*, SAGE Publications.

Johnson, J. (1983) "Issues Management: What Are the Issues?" *Business Quarterly*, Vol. 48, No.3, pp.22-31.

Key, S. (1999) "Toward a New Theory of the Firm: A Critique of Stakeholder "Theory," *Management Decision*, Vol. 37, Issue 3 · 4, pp. 317-328.

King, W. R. (1982) "Using Strategic Issue Analysis," *Long Range Planning*, Vol. 15, No. 4, pp.45-49.

Lawrence, A. T., J. Weber (2008) *Business & Society: Stakeholders, Ethics, Public Policy*, McGraw-Hill.

Lawrence, A. T., J. Weber (2011) *Business & Society: Stakeholders, Ethics, Public Policy*, McGraw-Hill.

Levitt, T. (1960) "Marketing Myopia," *Harvard Business Review*, July-August, pp.45-56.

McGuire, J. W. (1963) *Business and Society*, McGraw-Hill.

Mahon, J. F., S. A. Waddock (1992) "Strategic Issues Management: An Integration of Issue Life Cycle Perspectives," *Business & Society*, Vol. 31, No. 1, pp.19-32.

Makower, J., Business for Social Responsibility (1994) *Beyond the Bottom Line: Putting Social Responsibilities to Work for Your Business and the World*, Simon & Schuster.

Miller, K. (1999) "Issues Management: The Link Between Organization Reality and Public Perception," *Public Relations Quarterly*, Summer, 1999, pp.5-11.

Mitchell, R. K., B. R. Agle, and D. J. Wood (1997) "Toward a Theory of Stakeholder Identification and Salience: Defining the Principle of Who and What Really Counts," *Academy of Management Review*, Vol. 22, No. 4, pp.853-886.

Post, J. E. (1978) *Corporate Behavior and Social Change*, Reston.

Post, J. E., A. T. Lawrence, J. Weber (2002) *Business and Society*, McGraw-Hill.

Sethi, S. P. (1979) "A Conceptual Framework for Environmental Analysis of Business Response Patterns" *Academy of Management Review*, Vol. 4, No. 1, pp.63-74.

Steiner, G. A. (1975) *Business and Society*, Random House.

Stewart, D. (1996) *Business Ethics*, McGraw-Hill.

Swanson, D. L. (1995) "Addressing A Theoretical Problem by Reorienting the Corporate Social Performance Model," *Academy of Management Review*, Vol.20, No.1, pp.43-64.

Tambari, H. A. (1984) *Business & Society*, The Dryden Press.

Trevino, L. K., G. R. Weaver (1994) "Business EHICS/BUSINESS Ethics: One Field or Two?" *Business Ethics Quarterly*, Vol. 4, No. 2, pp.113-128.

Velasquez, G. M. (2002) *Business Ethics: Concept and Cases*, Prentice-Hall.

Wartick, S. L., P. L. Cochran (1985) "The Evolution of the Corporate Social Performance Model," *Academy of Management Review*, Vol. 10, No. 4, pp.758-769.

Wartick, S. L., R. E. Rude (1986) "Issues Management: Corporate Fad or Corporate Function?" *California Management Review*, Vol. 29, No. 1, pp.124-140.

Wartick, S. L., J. F. Mahon (1994) "Toward a Substantive Definition of the Corporate Issue Construct: A Review and Synthesis of the Literature," *Business & Society*, Vol. 33, No. 3, pp.293-311.

Wartick, S. L., D. J. Wood (1988) *International Business & Society*, Blackwell.

Weaver, G. R., L. K. Trevino (1994) "Normative and Empirical Business Ethics: Separation, Marriage of Convenience or Marriage of Necessity?" *Business Ethics Quarterly*, Vol. 4, No. 2, pp.129-143.

Weick, K. E. (1979) *The Social Psychology of Organizing*, 2nd ed., Addison-Wesley

Wicks, A. C., R. E. Freeman, P. H. Werhane, K. E. Martin (2010) *Business Ethics: A Managerial Approach*, Prentice-Hall.

Wood, D. J. (1991) "Corporate Social Performance Revisited," *Academy of Management Review*, Vol. 16, No. 4, pp.691-718.

Wood, D. J. (1994) *Business & Society*, Harper Collins.

Wood, D. J., P. L. Cochran (1992) "Business and Society in Transition," *Business & Society*, Vol. 31, No. 1, pp.1-6.

人名索引

欧文

Ackerman, R. W.
　　　　　‥‥‥‥38, 39, 48, 51-55, 62
Ansoff, H. I. ‥‥‥‥‥‥‥‥51
Bartha, P. F. ‥‥‥‥‥‥‥‥51
Bauer, R. A.
　　　　　‥‥‥‥38, 39, 48, 51-55, 62
Berle, A. A. ‥‥‥‥‥‥‥‥27
Blomstrom, R. L. ‥‥‥‥‥‥35
Bowen, H. ‥‥‥‥‥‥‥‥‥33
Carnegie, A. ‥‥‥‥‥‥‥‥26
Carroll, A. B. ‥‥35-37, 42, 48
Carson, R. ‥‥‥‥‥‥‥‥‥31
Chase, W. H. ‥‥‥‥‥‥‥‥51
Davis, K. ‥‥‥‥‥‥‥‥33, 35
Dill, W. R. ‥‥‥‥‥‥‥‥‥45
Epstein, E. M. ‥‥‥34, 37, 40
Evan, W. M. ‥‥‥‥‥‥‥‥46
Ford, H. ‥‥‥‥‥‥‥‥‥‥26
Frederick, W. C.
　　　　　‥‥‥‥‥‥‥40, 42, 43, 48
Freeman, R. E. ‥‥45, 46, 141
Friedman, M. ‥‥‥‥‥‥‥‥33
Goodpaster, K. E. ‥‥‥‥‥46
Hay, R. D. ‥‥‥‥‥‥‥‥‥35
Johnson, J. ‥‥‥‥‥51, 57, 62
Kant, I. ‥‥‥‥‥‥‥‥‥‥44
Lawrence, A. T. ‥‥‥‥26, 59
McGuire, J. W. ‥‥‥‥‥‥‥33
Means, G. C. ‥‥‥‥‥‥‥‥27
Morgan, J. P. ‥‥‥‥‥‥‥‥26
Nader, R. ‥‥‥‥‥‥‥‥‥‥30
Rockefeller, J. D. ‥‥‥‥‥‥26
Rude, R. E. ‥‥‥‥‥‥‥‥‥51
Sethi, S. P. ‥‥‥‥‥‥‥‥‥51
Steiner, G. A. ‥‥‥‥‥‥‥‥35
Wartick, S. L. ‥‥‥‥‥‥‥‥51
Weber, J. ‥‥‥‥‥‥‥‥26, 59
Weick, K. E. ‥‥‥‥‥‥‥‥68

あ行

足立晋 ‥‥‥‥‥‥‥‥‥‥148
五十嵐英夫 ‥‥‥‥‥‥‥‥110
石川哲郎 ‥‥‥‥‥‥76, 91, 95
内田幸生 ‥‥‥‥‥‥‥147, 148
宇都宮仙太郎 ‥‥‥‥‥‥‥‥81
大久保龍朗 ‥‥‥‥‥‥‥‥148
岡田晴彦 ‥‥‥‥‥‥‥‥‥110
岡田佳男 ‥‥‥‥‥‥‥‥‥147
荻原秀輝 ‥‥‥‥‥‥‥147, 148

か行

黒澤酉蔵 ‥‥‥‥‥‥‥‥‥‥81
畔柳達雄 ‥‥‥‥‥‥‥‥‥110
小山嚴也 ‥‥‥‥‥‥‥‥‥147

さ行

齋藤健一郎 ‥‥‥‥‥‥‥‥148
佐々木正巳 ‥‥‥‥‥‥‥‥148
佐藤善七 ‥‥‥‥‥‥‥‥‥‥81
佐藤貢 ‥‥‥‥‥‥‥‥82-84
鈴木紀子 ‥‥‥‥‥‥‥‥‥110
瀬尾俊三 ‥‥‥‥‥‥‥‥‥‥82

た行

高岡伸行 ‥‥‥‥‥‥‥‥‥‥47
田中宏司 ‥‥‥‥‥‥‥‥‥110
谷口勇仁 ‥‥‥‥‥‥47, 147, 148

な行

中村瑞穂 ‥‥‥‥‥‥‥‥‥‥41
難波良次 ‥‥‥‥‥‥‥‥‥148
西紘平 ‥‥‥‥‥‥‥‥109, 115

は・ま行

日和佐信子 109, 110, 120, 148
水谷洋一 ‥‥‥‥‥‥‥‥‥‥76
三戸浩 ‥‥‥‥‥‥‥‥‥‥‥28

や行

藪内光治 ‥‥‥‥‥‥‥‥‥‥89
山口次男 ‥‥‥‥‥‥‥‥‥110
吉田升三 ‥‥‥‥‥108, 109, 127

事項索引

欧文

A・P・スミス裁判 ……… 28
BBB ……… 30
Better Business Bureaus
 ……… 30
BSE ……… 104
business and society ……… 2
CED ……… 34
charity principle ……… 26
CPSC ……… 30
CSR マネジメント ……… 2
CTI システム ……… 103
EPA ……… 32
FDA ……… 30
FTC ……… 30
HACCP ……… 102
iron law of responsibility
 ……… 29
ISO26000 ……… 14
Modern Corporation and
 Private Property ……… 27
myopia ……… 123
NHTSA ……… 30
PL法 ……… 31
quasi-public corporation ……… 27
Silent Spring ……… 31
SIM ……… 2
Snow Brand Quality
 Assurance System ……… 102
social issue management ……… 2
Social Responsibilities of the
 Businessman ……… 33
SQS ……… 102
SRI ……… 45
stewardship principle ……… 26
THE SHISEIDO CODE ……… 18
Unsafe at Any Speed: The
 Designed-In Dangers of
 the American Automobile
 ……… 30

あ 行

イシューの認識 ……… 65
イシューマイオピア ……… 123
イシュー・マネジメントサイクル論 ……… 57
イシュー・ライフサイクル論 ……… 54
イナクトメント ……… 68
イナクトメントサイクル ……… 68
インサイダー取引 ……… 54
牛海綿状脳症 ……… 104
エンテロトキシンA ……… 96
黄色ブドウ球菌 ……… 96
大阪府立公衆衛生研究所 ……… 98
押し込み ……… 10
温情主義的プログラム ……… 26

か 行

会社法 ……… 13
ガイダンス文書 ……… 15
課題事項 ……… 61
課題事項としてのイシュー
 ……… 63
カネボウ粉飾決算事件 ……… 10
株式会社革命論 ……… 27
カルテル ……… 54
過労死 ……… 54
環境汚染 ……… 54
環境庁 ……… 32
環境保護運動 ……… 29
環境保護庁 ……… 32
記憶構造に基づく検索容易性
 ……… 132
記憶の鮮明さと新しさに基づく想起容易性 ……… 130
企業権力 ……… 26
『企業人の社会的責任』……… 33
「企業と社会」論 ……… 2
企業の社会貢献活動 ……… 5
企業の社会的応答性論 ……… 38
企業の社会的公正 ……… 43
企業の社会的責任 ……… 51
企業の社会的責任の4パート・モデル ……… 35
企業の社会的責任論 ……… 33
企業フィランソロピー ……… 5
企業不祥事 ……… 1
企業倫理委員会 ……… 109
企業倫理学 ……… 41
企業倫理ホットライン ……… 111
企業倫理論 ……… 41
帰結主義 ……… 43
義務論 ……… 43
キャンペーン GM ……… 30
牛肉在庫緊急保管対策事業
 ……… 105
狂牛病 ……… 104
虚偽・誇大広告 ……… 54
虚偽報告 ……… 54
『近代株式会社と私有財産』
 ……… 27
金融商品取引法 ……… 14
クロバー印 ……… 85
クロバー乳業 ……… 85
経営諮問委員会 ……… 103
経営者支配 ……… 27
経営倫理学会 ……… 41
経営倫理実践研究センター
 ……… 19
経済開発委員会 ……… 34
経済的責任 ……… 36
経費の先送り ……… 10
欠陥商品 ……… 54
公益通報者保護法 ……… 14
公害対策基本法 ……… 32
行動リーダー ……… 111
功利主義 ……… 43
国産牛肉買取事業 ……… 105
国民生活センター ……… 31
個人情報保護法 ……… 14
コーポレート・ガバナンス
 ……… 13
コンプライアンス ……… 5

さ 行

最大多数の最大幸福 ……… 44
産業公害 ……… 54
産業災害 ……… 54
㈱資生堂 ……… 17
慈善原理 ……… 26
自然破壊 ……… 54
私的致富手段 ……… 27
市乳 ……… 83

事項索引

社会貢献的責任……………36
重大化予測………………103
受託者原理………………26
循環取引…………………10
準公の会社………………27
消費者運動………………29
消費者契約法……………31
消費者製品安全委員会……30
消費者センター……………31
消費者庁…………………31
消費者保護基本法…………31
消費者ホットライン………30
消費者問題担当部署………30
食品薬品局………………30
水質汚濁防止法……………32
スタンフォード研究所……45
ステイクホルダー…… 44, 45
ステイクホルダー・インボルブメント……………140
ステイクホルダー・エンゲージメント……………140
ステイクホルダーマップ……………141
ステイクホルダー・マネジメント……………140
ステイクホルダーモデル…47
スノーホットライン…… 111
製造物責任法……………31
責任の鉄則………………29
セクシャル・ハラスメント……………54
全社員に告ぐ………………84
贈収賄……………………54
争点………………………61
争点としてのイシュー……62
ソーシャルイシュー………2
ソーシャルイシュー・マネジメント……………2, 51
ソーシャルダンピング……54
租税回避…………………54

た 行

大気汚染防止法……………32
脱脂粉乳…………………98
脱税………………………54

チーズ……………………99
『沈黙の春』………………31
低脂肪乳…………………93
TBS 不二家捏造報道問題……………11
当事者−他人事意識……131
『どんなスピードでも自動車は危険だ』……………30

な 行

内部統制…………………13
二酸化硫黄………………21
西宮冷蔵㈱………………107
日本ハム・ソーセージ工業協同組合……………105
乳…………………………83
乳及び乳製品の成分規格などに関する省令………100
入札談合…………………54
乳清………………………99
乳製品……………………83
認識の壁…………………66

は 行

バター……………………99
非帰結主義………………43
富士ゼロックス㈱…………19
不二家期限切れ原材料使用問題……………11
不正資金洗浄……………54
不正政治献金……………54
粉飾決算…………………54
ヘルプライン………………2
報告義務違反……………54
法的責任…………………36
法令遵守…………………5
ホエイ……………………99
北海道バター㈱……………82
北海道酪農協同㈱…………82

ま 行

マイオピア………………123
3つの同心円………………34
三菱自動車工業リコール隠し事件………………9

や 行

八雲工場脱脂粉乳食中毒事件……………84
八幡製鉄政治献金事件……28
ヤミ改修…………………10
有害商品…………………54
有限責任北海道製酪販売組合……………80
雪印………………………82
雪印アンデス食品㈱………89
雪印行動憲章2001………120
雪印行動指針……………120
雪印食中毒事故に関する原因調査結果報告書………101
雪印食品㈱………………89
雪印食品関西ミートセンター……………107
雪印食品牛肉偽装事件 …104
雪印食品工業㈱……………89
雪印乳業㈱………………82
雪印乳業大阪工場…………93
雪印乳業行動基準………110
雪印乳業集団食中毒事件……………76, 93
雪印乳業集団食中毒事件の原因究明調査結果最終報告書……………101
雪印乳業大樹工場 ……76, 98
雪印乳品質保証システム……………102

ら 行

利益供与…………………54
利益優先主義……………49
リコール…………………31
利用可能性ヒューリスティックス……………130
倫理綱領……………………2
倫理的責任………………36
連結外し…………………10
連邦高速道路交通安全局…30
連邦取引委員会……………30
労働災害…………………54

163

�著者紹介

小山　嚴也（こやま　よしなり）

1967年　東京都に生まれる
1991年　横浜国立大学経営学部卒業
1993年　横浜国立大学大学院経営学研究科修士課程修了
1996年　一橋大学商学研究科博士後期課程単位修得退学
1996年　山梨学院大学商学部専任講師，同助教授を経て
2001年　関東学院大学経済学部助教授（准教授）
2010年　関東学院大学経済学部教授
2011年　明治大学博士（商学）
現在に至る

【主要業績】
「企業の社会的責任概念の展開」『山梨学院大学 商学論集』第22号，1997年．
「企業に対する社会的要請の形成プロセス」『経済系』第215集，2003年．
「『企業不祥事』と企業における問題の認識」企業倫理研究グループ『日本の企業倫理』白桃書房，2007年．
「雪印乳業集団食中毒事件の新たな解釈―汚染脱脂粉乳製造・出荷プロセスの分析―」『組織科学』第41巻第1号，2007年．（共著）
「ソーシャルイシューマネジメント論の展開と構図」村田和彦編『企業活動と市民生活』中央経済社，2010年．
「企業におけるソーシャルイシューの認識―雪印はなぜ2回目の不祥事を防げなかったのか―」『日本経営学会誌』第26号，2010年．（共著）

▰CSRのマネジメント
――イシューマイオピアに陥る企業――　　〈検印省略〉

▰発行日──2011年11月1日　初版発行

▰著　者──小山　嚴也（こやま　よしなり）
▰発行者──大矢栄一郎
▰発行所──株式会社　白桃書房（はくとうしょぼう）
　　　　　〒101-0021　東京都千代田区外神田5-1-15
　　　　　☎03-3836-4781　℻03-3836-9370　振替00100-4-20192
　　　　　http://www.hakutou.co.jp/

▰印刷・製本──松澤印刷

©Yoshinari Koyama 2011　Printed in Japan　ISBN 978-4-561-26571-9 C3034

本書のコピー，スキャン，デジタル化等の無断複製は著作権法上での例外を除き禁じられています。本書を代行業者等の第三者に依頼してスキャンやデジタル化することは，たとえ個人や家庭内の利用であっても著作権法上認められません。

JCOPY〈㈳出版者著作権管理機構　委託出版物〉
本書の無断複写は著作権法上での例外を除き禁じられています。複写される場合は，そのつど事前に，㈳出版者著作権管理機構（電話 03-3513-6969，FAX 03-3513-6979，e-mail:info@jcopy.or.jp）の許諾を得てください。

落丁本・乱丁本はおとりかえいたします。

好 評 書

企業倫理研究グループ著／中村瑞穂代表
日本の企業倫理 本体価格 2800 円
　―企業倫理の研究と実践―

D. スチュアート著　企業倫理研究グループ訳／中村瑞穂代表
企業倫理 本体価格 3000 円

R.E. フリーマン／J.S. ハリソン／A.C. ウィックス著
中村瑞穂訳者代表
利害関係者志向の経営 本体価格 3300 円
　―存続・世評・成功―

黒川保美・赤羽新太郎編著
CSR グランド戦略 本体価格 2381 円

斎藤悦子著
CSR とヒューマン・ライツ 本体価格 3000 円
　―ジェンダー，ワーク・ライフ・バランス，障害者雇用の企業文化的考察―

日本経営倫理学会／㈳経営倫理実践研究センター監修
高橋浩夫編
トップ・マネジメントの経営倫理 本体価格 3000 円

日本経営倫理学会編
経営倫理用語辞典 本体価格 2600 円

―――― 東京　白桃書房　神田 ――――

本広告の価格は本体価格です。別途消費税が加算されます。